/ Les dossiers

AFTERFOOT

SOMMAIRE

Youri Djorkaeff, époque maillot XXL.

/ Les dossiers
AFTER FOOT

Michel Denisot
et Jean-Michel Moutier
en mode Mercato.

“ C'ÉTAIT LE TEMPS OÙ LES PRÉSIDENTS PORTAIENT DES IMPERMÉABLES ET OÙ LE MERCATO N'EXISTAIT PRESQUE PAS.

Ralentir le football

Thibaud Leplat

La radio s'envole, les réseaux brûlent, les écrans aveuglent : seul le papier dure. Alors voici les *Dossiers de l'After*, un morceau d'*After* à glisser dans votre bibliothèque. Comme Robert Baggio, Zinédine Zidane ou Zvonimir Boban, prenons le temps de contrôler, de lever la tête et de faire parler le QI foot. Notre projet tient en un mot : ralentir.

Ralentir pour raconter l'histoire d'un homme – Jean-Marc Bosman – qui voulait jouer à Dunkerque et a changé l'histoire du football. L'arrêt Bosman, rendu le 15 décembre 1995, c'est l'application de la liberté de circulation des travailleurs européens au foot. Depuis ce jour, les joueurs peuvent (comme n'importe quel Européen) changer de club sans barrière juridique ni économique. Nicolas Taiana nous raconte comment Bosman vit aujourd'hui en marge de la révolution qu'il a causée.

Ralentir pour se plonger, trente ans plus tard, dans la saison 1994-1995, la dernière de la préhistoire du foot. C'était le temps où les présidents portaient des imperméables et où le mercato n'existait presque pas. Une simple énumération donne le tournis : l'Ajax Amsterdam de Louis van Gaal est champion d'Europe avec sept joueurs formés au club, George Weah soulève le premier Ballon d'or africain, le FC Nantes de Suaudeau survole la D1 en pratiquant un football de feu, le PSG joue sa troisième demi-finale européenne consécutive, les Girondins de Bordeaux voient émerger un trio Zidane-Dugarry-Lizarazu sur le point de changer le football français, David Ginola est le meilleur joueur français de l'époque, le Real Madrid de Valdano claque un 5-0 au Barça de Cruyff, le King Cantona s'essaie au high kick, Jacquet se demande si Djorkaeff et Zidane sont compatibles au milieu de terrain de l'équipe de France, les Anglais découvrent les tribunes assises, les Marseillais voyagent en D2 en compagnie de « Depé » et Cascarino, la Juventus de Lippi (et d'un certain Del Piero) l'emportent en Serie A face à des idoles à en remplir des centaines de posters d'enfants : Totti, Batistuta, Chiesa, Zola, Gullit, Mancini, Baresi, Boban, Bokšić, Bergkamp. L'Italie régnait sur le football, les numéros 10 sur le jeu. La Premier League s'éveillait. R9 était encore le nom d'une voiture à la mode.

Le football, c'était mieux en 1995?

Vous allez adorer ralentir.

L'édito de DANIEL RIOLO

David, Nogent et une Renault 9

Il paraît que 1995 est un tournant dans l'histoire du foot. L'arrêt Bosman, dont on ne sait rien et dont personne ne parle, va faire morfler le foot français. À quel moment prendra-t-on conscience de cette cassure ? Marseille vient de gagner une Coupe d'Europe, on sent bien que le PSG va en faire tomber une et, jusqu'en 2004 et les deux finales de Monaco et l'OM, les résultats des clubs français au niveau européen sont bien supérieurs aux standards habituels. De 1995 à 2004, on compte même six finales européennes, c'est une folie eu égard au passé et au futur. Le foot français avait, en effet, joué sept finales entre 1956 et 1995. On en compte seulement deux, OM 2018 et PSG 2020, sur les vingt dernières années.

La fracture de 1995 a bien eu lieu, elle a juste mis une dizaine d'années à se faire réellement sentir. Il peut y avoir débat sur l'idée que «Bosman» a tout cassé. En gros, nos déboires, c'est parce que le marché s'est libéré, donc on a recruté qui on voulait, quand on voulait. Les joueurs français partent pour des chèques avec plus de chiffres et on ne peut plus rivaliser avec les autres. Et donc? On n'avait pas le droit de s'adapter ni de progresser économiquement. «Bosman», on l'a pris dans la tronche et on n'a pas bougé. La chouine française classique. Culture foot sous le bras, nos dirigeants se sont mis face à un miroir et ils n'ont rien vu.

Mais revenons à 1995. Je suis à la fac de droit, mais surtout à l'armée. Dernière année de la conscription. Chirac décide, après moi, d'arrêter. D'abord planqué et bien au chaud au cabinet du ministre François Léotard, un dérapage verbal me conduit au fort de la Légion étrangère à Nogent-sur-Marne. Fini la fac, les parties de tarot et les clips sur M6, place au treillis, aux rangers et au réveil à l'aube sous le drapeau. Je passe d'Ophélie Winter à 16 heures au sergent Foley. L'abruti qui devenait mon chef se prenait pour le gars du film *Officier et gentleman*. Le soir, au moment du quartier libre, il se passait le film, volume à fond, au moins trois fois par semaine. «Parler» n'était pas un verbe qu'il connaissait. Il ne conjuguait que «crier», et ce à tous les temps. Ma grande fierté aura été, pendant six mois, de ne jamais chialer devant lui, contrairement à 80 % des autres troufions 2e classe qu'il voulait absolument humilier.

Ma vie de merde à Nogent ne m'éloigne pas du foot. Je continue à aller au Parc. Le PSG occupe l'essentiel de ma vie. Je n'ai pas craqué devant Foley et on est 1er au classement UEFA ! La classe. Je ne savais pas qu'on pouvait être leader européen sans gagner la Coupe d'Europe. On va le faire. La phase de poules a été une promenade. Six victoires, dont la dernière à Munich avec le fameux but de ouf de Weah. Au moment du tirage pour les quarts, Cruyff et sa légendaire prétention nous prennent de haut. Mais Luis et sa bande vont sortir le Barça dans une soirée de folie. C'est la meilleure équipe du PSG *ever* ! De Lama à Weah en passant par David, Daniel et Vincent, j'aime cette équipe à la folie. On ne sera pas champions puisque Nantes marche sur l'eau cette année-là. Sacrés Nantais, toujours aussi bidon en Coupe d'Europe. En février, ils se font rouler dessus à Leverkusen. 1-5. Avec Jean-Louis Garcia absolument grotesque dans les buts, Nantes livre une des prestations les plus ridicules en Coupe d'Europe du foot français. Petite vengeance.

« MA VIE DE MERDE À NOGENT NE M'ÉLOIGNE PAS DU FOOT. JE CONTINUE À ALLER AU PARC. LE PSG OCCUPE L'ESSENTIEL DE MA VIE. »

Après le Barça, Milan. Le tenant du titre. Après la Juve 1993, Arsenal 1994, c'est bon, j'ai le droit à un bonheur printanier ? Je ne souffre pas assez à Nogent ? Je suis évidemment au Parc. David est magique. Il frappe la barre. On ne gagne pas. Pire, dernière minute, on prend un but. On ne passera pas à San Siro. Ça sent la fin. C'est mon anniversaire, mais l'éclaboussant Savićević n'est pas au courant. 2-0 tout propre. Weah était sur le terrain, mais n'a pas joué. La rumeur de son départ à Milan se transforme en «Weah s'est couché face à son futur club.» Un jour, Daniel Bravo m'a confié qu'il avait eu un doute. Éliminé en demies encore ! Seule consolation, j'ai une nouvelle meuf.

« ON A TAPÉ LE BARÇA, LE REAL EN 1993 ET 1994, ON N'A PEUR DE PERSONNE. »

Cette année-là, Milan va perdre en finale contre l'Ajax et sa bande de gamins. Trente ans plus tard, ça claque fort comme un symbole. L'Ajax n'y arrivera plus jamais après ça, car les jeunes vont partir de plus en plus vite du club. En 2010, quand j'ai rencontré Louis Van Gaal pour *Secrets de coachs*, il m'a dit que dès l'été précédent, au terme d'un match amical à Madrid, il avait senti que son équipe irait loin en Coupe d'Europe. Ça m'a épaté qu'il dise ça, mais je ne suis pas sûr d'avoir compris son idée. Il faut se méfier de cette catégorie de coachs. Les entraîneurs dits «à boulard». Ils théorisent beaucoup, mais rarement autour de l'humilité. Imaginez un dîner avec, autour de la table, Pep, Luis Enrique, Van Gaal, Mourinho et Cruyff. Lequel a découvert l'Amérique et marché sur la Lune?

En 1995, le foot italien domine largement le foot européen. Les Anglais existent peu, voire pas. La PL, créée en 1992, amorce sa révolution. Je la regarde à *L'Équipe du dimanche*. Cantona est souvent la vedette. On ne voit que les résumés, les longs formats. «Canto» est adulé à Manchester. Moi, je n'ai jamais adhéré. Il a une belle technique, bouge peu et s'illustre surtout grâce à un perso hors du commun — dont je me fous royalement. En Coupe d'Europe, il n'a jamais rien fait et, à mes yeux, c'est rédhibitoire.

On a tapé le Barça, le Real en 1993 et 1994, on n'a peur de personne. L'avenir est à nous. On n'ira pas en Ligue des champions, mais à l'époque, peu importe. On veut gagner une Coupe d'Europe. Ginola, Weah, Ricardo, Valdo vont partir. «Jean-Mich'» Moutier, notre DS, veut la triplette de Bordeaux, Zidane, «Liza» et «Duga». Mouais. Des jeunes de Bordeaux, ça ne fait pas rêver tant que ça. Ils ne viendront pas et je ne me dis pas qu'on rate un truc. En 1995, Zidane s'installe doucement en bleu, mais je le trouve très irrégulier. Capable de gestes fous, mais aussi d'absences longue durée dans les matchs. Ce gars-là va devenir une légende?

Je suis plus emmerdé d'apprendre que «Moumout'» ne veut pas de Roberto Carlos parce qu'on a Colleter. On aime tous notre soldat Patrick, mais bon... Le boss Denisot fait mieux et refuse Ronaldo! Son mot du médecin? Il ne voulait pas écraser la D1 pour ne pas flinguer le feuilleton du foot français sur Canal! Mission accomplie. On ne l'a tellement pas écrasée qu'on a attendu dix-neuf ans pour la gagner à nouveau!

Le 7 juillet 1995, j'ai quitté Nogent sous le soleil. Je suis rentré à Ris avec la Renault 9 «Macadam Star» de mon père. En 1982, quand il l'avait achetée, elle était vraiment stylée! J'ai dit au revoir à ce con de Foley. Après six mois à l'entendre hurler, j'étais épuisé. Ça ne se voyait pas trop, mais j'étais heureux.

RMC
INFO TALK SPORT
PRÉSENTE
VOTRE NOUVELLE CHAÎNE
100% AFTER FOOT
DÉSORMAIS SUR TOUS VOS ÉCRANS
AFTER
FOOT
TV
RMC BFM play
SFR
TCL
molotov.tv by fubo
YouTube

1994

1er JUILLET
⚽ Valdano est nommé entraîneur du Real Madrid.

OM 2-3 Le Mans en D2. Création du groupe MTP.

17 AOÛT
France 2-2 République tchèque à Bordeaux. Première sélection de Zidane.

AOÛT
Instauration de la victoire à 3 points.

18 JANVIER
Pays-Bas 0-1 France à Utrecht. Dernier match de Papin et Cantona en bleu.

25 JANVIER
⚽ Crystal Palace-Manchester United, *high kick* de Cantona à Selhurst Park.

28 FÉVRIER
Leverkusen 5-1 FC Nantes, 1/4 de finale aller C3. 3 gardiens blessés.

15 MARS
PSG 2-1 FC Barcelone, 1/4 de finale retour de C1.

5 AVRIL
PSG 0-1 AC Milan, 1/2 finale aller de C1.

19 AVRIL
PSG 2-0 Bastia en finale de Coupe de la Ligue.

28 AVRIL
France 4-0 Slovaquie à Nantes. Zidane titulaire.

3 MAI
PSG 2-0 Bastia en finale de Coupe de la Ligue.

10 MAI
⚽ Saragosse remporte la C2 contre Arsenal, sur un lob de Nayim au Parc des Princes.

13 MAI
PSG 1-0 Strasbourg. Le PSG remporte sa 4e Coupe de France.

11 JUIN
⚽ Juventus 2-0 Parme en finale de Coupe d'Italie. Doublé de la Juventus.

18 JUIN
⚽ Finale de la Coupe du monde féminine : la Norvège bat l'Allemagne 2-0.

23 JUILLET
⚽ L'Uruguay remporte la Copa América contre le Brésil aux tirs au but.

25 JUILLET
Attentat à la station Saint-Michel du RER B : 8 morts, 92 blessés.

17 AOÛT
⚽ Van Basten annonce la fin de sa carrière.

6 SEPTEMBRE
⚽ Angleterre-Colombie : Higuita réalise le coup du scorpion.

Pose de la première pierre du Stade de France.

France 10-0 Azerbaïdjan.

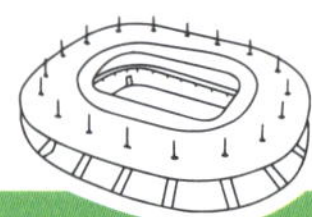

15 NOVEMBRE
Annonce du « plan Juppé » sur les retraites et la Sécu. Début d'un mouvement social de grande ampleur.

6 DÉCEMBRE
Sortie du film *Le bonheur est dans le pré* avec Cantona.

9 DÉCEMBRE
PSG 5-0 FC Nantes (4-0 à la mi-temps).

17 AOÛT

Nantes 1-0 PSG, but d'anthologie.

7 SEPTEMBRE

Slovaquie 0-0 France. Canto-Ginola en pointe.

8 OCTOBRE

France 0-0 Roumanie.

1er NOVEMBRE

OM 3-1 FC Sion en C3. Quasi-*remontada*. Élimination de Marseille.

18 NOVEMBRE

Pologne 0-0 France.

1995

11 DÉCEMBRE

Tapie quitte la présidence de l'OM, il est remplacé par Cangioni puis Caïazzo.

7 JANVIER

Real Madrid 5-0 FC Barcelone, triplé de Zamorano.

17 MAI

Parme remporte la C3 contre la Juventus.

19 MAI

Nantes champion de France avec 10 points d'avance et record d'invincibilité.

20 MAI

Everton FC remporte la FA Cup.

21 MAI

Juventus 4-0 Parme, la Juve est championne d'Italie.

L'équipe de France de handball est championne du monde en Islande.

31 MAI

OM champion de D2 mais ne monte pas. Cascarino meilleur buteur (31 buts).

28 MAI

Projection de *La Haine* de M. Kassovitz au Festival de Cannes.

25 MAI

L'OM repris par une société d'économie mixte de la Mairie de Marseille.

24 MAI

Finale de C1, Ajax Amsterdam 1-0 Milan AC.

17 SEPTEMBRE

L'équipe de France militaire de Lemerre championne du monde.

2 OCTOBRE

Sortie de *(What's the story) Morning Glory ?* d'Oasis.

11 OCTOBRE

Roumanie 1-3 France. 3 milieux récupérateurs. Zidane-Djorkaeff et Desailly en défense centrale.

15 DÉCEMBRE

Arrêt Bosman rendu par la CJCE garantissant la liberté de circulation des footballeurs en Europe.

28 DÉCEMBRE

Weah premier Ballon d'or africain.

1996

le JEU

TOP 5 ÉQUIPES 1995 (TOTALEMENT OBJECTIF)

Daniel Riolo

5 JUVENTUS

Championne cette année-là. Leur dernier titre remontait à 1986. Le duo Vialli-Ravanelli cartonne, et surtout, derrière eux, Roberto Baggio joue 10.

4 NANTES

OK, ça jouait bien. Rien à dire. Du beau football. Mais je n'aimais pas l'arrogance de Suaudeau, je n'aimais pas qu'ils soient champions devant « mon » PSG : fin 1995, le 9 décembre, jour de grève nationale, on va leur coller un 5-0 mémorable !

3 AC MILAN

Vainqueur éblouissant en 1994, le grand Milan perd la finale, mais avec Savićević, il aurait gagné. Boban, Baresi, Maldini, Costacurta, Simone, cette équipe était belle dans tous les sens du terme.

2 PARME

Vainqueur de la Coupe des coupes 1993, finaliste en 1994, vainqueur en 1995, et quand le PSG élimine Parme en 1996, on relativise ? Mais quelle ignorance. Le Parma Calcio, c'est l'équipe phare des années 1990. Après Sacchi à Milan, Nevio Scala montre qu'on peut jouer autrement qu'en fermant le jeu en Italie.

1 PSG

C'est mon équipe. L'aboutissement du PSG version Canal 1 avec Ginola, Weah, Valdo...

AJAX 1995
la belle et la bête

Champion d'Europe avec sept joueurs formés au club, l'Ajax Amsterdam 1995 est une utopie devenue football. Seedorf, Kluivert, Finidi, Litmanen, Overmars, les frères De Boer, tous ses joueurs sont instantanément devenus mythiques.

Chérif Ghemmour

1971, 1987, 1995, 2019 : l'Ajax possède la grâce unique de savoir créer l'instant épiphanique, un changement d'époque, une révolution tactique, une nouvelle *cool attitude*... En 1995, au moment de son sacre européen en C1 face au Milan AC (1-0), c'est Jorge Valdano, alors coach du Real Madrid, qui se pâmait d'admiration : « L'Ajax n'est pas seulement l'équipe des années 1990, ils se rapprochent de l'utopie du football. Leur conception du jeu est exquise, et ils ont également une supériorité physique. Ils sont la Belle et la Bête. »

À l'époque, on avait bien tenté de rationaliser notre sidération en s'accrochant aux branches des schémas tactiques explicatifs : Louis van Gaal déployait son onze en 3-4-3, avec un milieu en losange. D'accord. Sauf que... Les variations modulables en 3-3-3-1, voire en 3-1-2-1-2-1, et les mystérieux déplacements télépathiques des joueurs nous replongeaient dans les mêmes abysses d'incompréhension qui avaient surgi avec le football total de Cruyff-Michels en 1971. Qui sont réapparues récemment avec le « football liquide » de Ten Haag-Tadic.

Tornade rouge et blanche

L'attaquant milanais Daniele Massaro, 34 ans en 1995, avait été, lui, le témoin direct et médusé du choc de modernité infligé dès les matchs de poules de septembre 1994 par les *wonderkids* de Van Gaal (23 ans de moyenne d'âge !). Au Stade olympique d'Amsterdam, les tenants du titre *rossoneri* avaient été balayés 2-0 : « Nous avions été tout simplement surpris, déclarait-il dans *The Guardian* du 24 mai 2020. Ils avaient une grande créativité ; ils étaient si rapides et ne nous donnaient aucun point de référence. Nous étions désorientés et ne pouvions pas jouer notre jeu.» Un autre succès sur les Milanais à Trieste (2-0) avait mis l'Ajax sur la voie ascendante, selon Frank de Boer, dans *FourFourTwo* en 2018 : «Je me souviens qu'après avoir battu Milan, nous avons tous réalisé que nous n'avions plus rien à craindre de personne.»

Et, en effet, la saison 1994-1995 *fast & furious* a été un long sprint au paradis. Les Ajacides sont restés invaincus en Ligue des champions et en Eredivisie, conservant leur titre de champion des Pays-Bas avec un total ahurissant de 106 buts marqués ! Pour beaucoup, le 5-2 en demi-finale retour de C1 face au Bayern de Trapattoni, après le 0-0 à Munich, reste bien sûr le point d'orgue d'une fabuleuse édition 1994-1995, la tornade rouge et blanche des maillots mythiques ayant ressuscité la magie des *seventies*... Ex-adjoint de l'Ajax de Leo Beenhakker, Louis van Gaal avait été nommé à 40 ans entraîneur de l'équipe première au printemps 1991.

Il avait déjà actionné une remise à jour du logiciel Michels-Cruyff en révolutionnant les méthodes de la formation, faisant appel à des experts hors football : Jos Geysel (hockey sur glace), Laszlo. Jambor (basket) et René Wormhoudt (football américain, auteur du programme *Vitesse-Agilité-Souplesse*) Louis-le-Terrible allait se révéler aussi génial technicien que super gestionnaire de la pénurie de moyens. Si la victoire en C3 en 1992 avait assis son statut de seul maître à bord, Bergkamp et Wim Jonk ayant quitté Amsterdam en 1993 et en 1994, l'Ajax trop fauché s'était fait subtiliser le prodige de Cruzeiro, Ronaldo, parti au PSV...

Louis-la-Brocante

L'obligation de piocher dans le vivier de *De Toekomst*, l'académie de l'Ajax, pousse le coach à la houppe à perfectionner la jeune génération malléable qu'il avait eue en formation. Outre les jumeaux De Boer (Frank et Ronald), Van Gaal incorpore aussi trois potes de quartier, Reiziger, Edgar Davids et Patrick Kluivert en 9 (faute de Ronaldo), et Clarence Seedorf. Lors de la finale de C1 à Vienne, ils seront sept héros formés au club ! Edwin van der Sar et Marc Overmars complètent l'équipe-type. Les trois étrangers alors autorisés par l'UEFA et repérés avec flair par Louis-la-Brocante sont les attaquants Jari Litmanen et les Nigérians Nwankwo Kanu et Finidi George. Les vétérans Frank Rijkaard, revenu de Milan en 1993, et Danny Blind encadrent les rookies fougueux qui ont maturé dans le même bain amniotique de la possession absolue («des six contre trois, à deux touches de balle maxi», *dixit* Ronald de Boer dans *FourFourTwo*).

Le cosmopolitisme blond nordique et afro-surinamien sur fond de rap et d'arrogance ajaxienne achève de souder cette bande de pitbulls prêts à tout déchirer. Derrière la mine sévère d'instit' vachard en costard-cravate et stylo-calepin à la main, Van Gaal défend pourtant une éthique offensive et spectaculaire, celle qui a toujours eu cours à Amsterdam, par son versant hédoniste : «Défendre, c'est détruire. Attaquer, c'est divertir le public. On joue pour le public. S'il n'y en a pas, c'est fini pour le football professionnel», professait-il dans le livre *Secrets de coachs* (Hugo & Cie, 2011). Fluidité juvénile et audace tactique !

« LE DÉPART DE LOUIS VAN GAAL AU BARÇA EN 1997 ACHÈVERA LE DÉMANTÈLEMENT BOSMANIEN DE L'ÉQUIPE. »

Marc Overmas
et Ronald de Boer :
orange nostalgique.

« LE 5-2 EN DEMI-FINALE RETOUR DE C1 FACE AU BAYERN DE TRAPATTONI EST LE POINT D'ORGUE D'UNE FABULEUSE ÉDITION 1994-1995. »

Entre EPHAD et SPA

Elles feront justement la différence après la mi-temps à 0-0, lors de la finale contre Milan à Vienne. Avec le remplacement de Seedorf par l'offensif Kanu (53e) et celui de Litmanen par Kluivert (70e), Van Gaal ose un basculement inouï en 3-3-4 pour plier l'affaire dans le temps réglementaire. Et bingo ! À la 85e, une séquence latérale Overmars-Davids-Rijkaard aboutit à une percée plein axe de Kluivert qu'il ponctue du plus beau pointu de l'histoire : 1-0 final et quatrième C1 ajacide, la première depuis 1973 !

L'exploit du petit club désargenté mais talentueux qui met la pile aux grands clubs fortunés est resté le mythe ultime, chargé d'éternelle nostalgie. Avant que l'arrêt Bosman de décembre 1995 n'éparpille cette génération dorée encore championne des Pays-Bas et finaliste de la C1 en 1996, Louis van Gaal s'était fait prémonitoire avant la finale de Vienne, selon *The Guardian* : « Je crains que les joueurs ne soient sur le point de nous quitter. Nous jouons bien et les grands clubs italiens nous observent. » Le départ de Louis au Barça en 1997 achèvera le démantèlement bosmanien de l'équipe... En 2025, l'Ajax déclassé et en proie aux difficultés financières oscille entre EHPAD (Henderson, Klaassen, Weghorst, Rugani) et refuge de la SPA plein de jeunes chiots prêts à être adoptés ailleurs (Brobbey, Hato, Bounida)...

« On garde nos meilleurs joueurs pour notre nouvelle formule. Chérif Ghemmour titulaire avec le 14 ! »

LE TACLE DE **GILBERT**

L'ÉQUIPE de rêve 1995

Gilbert Brisbois

CHILAVERT
Vélez Sarsfield

REIZIGER
Ajax Amsterdam

BARESI
Milan AC

DESAILLY
Milan AC

COBOS
PSG

DACOURT
Strasbourg

N'DORAM
FC Nantes

BOBAN
Milan AC

WEAH
PSG

ZAMORANO
Real Madrid

KLUIVERT
Ajax Amsterdam

C'EST PAS UNE ÉQUIPE DE RÊVE, ÇA ?

Du style et de la technique dans toutes les lignes. La technique, c'est indispensable, mais le style, ça compte presque autant. Que des beaux gosses dans ma *team*. La tête levée de Baresi, le torse bombé de Boban, les dribbles de Weah, la tronche cabossée d'Iván « El Helicoptero » Zamorano, pichichi 1995 au Real. Et José Luis dans les cages avec son charisme et ses *cojones* ; 48 buts marqués avec le Vélez Sarsfield en Argentine. J'ajoute José Cobos, le Hakimi de l'époque, et Olivier Dacourt le guerrier du Racing qui partira ensuite briller à Leeds, Rome et Milan. Une équipe invincible.

CHILAVERT
REIZIGER
BARESI
DESAILLY
COBOS
N'DORAM
DACOURT
BOBAN
WEAH
ZAMORANO
KLUIVERT

LA NUIT du 10

En 1995, les numéros 10 étaient omniprésents. Trente ans plus tard, ils ont quasiment disparu du jeu mais pas de nos mémoires. Prophète du beau jeu, le numéro 10 est le mythe de l'artiste appliqué au football.

Johann Crochet

Existe-t-il un poste plus apprécié et plus fantasmé que celui de numéro 10? C'est peut-être un truc de vieux trentenaire ou une obsession de quadra. C'est humain, la nostalgie s'installe petit à petit en chacun d'entre nous. Ou est-ce à cause du football actuel? Son mécanisme et sa frénésie n'ont plus grand-chose à voir avec le temps de la pause, cette époque bénie du football où le 10 était notre roi.

Le football n'a jamais été aussi qualitatif qu'en 2025. Les joueurs sont capables de réaliser les plus belles prouesses techniques à un rythme effréné. Les cadences infernales autour de la sacro-sainte «intensité» émerveillent autant qu'elles donnent le tournis. L'une des notions tactiques les plus en vogue depuis dix ans est un concept décrivant une phase de jeu sans possession : le *gegenpressing*. Oubliez le ballon, l'important est de vite le récupérer. Est-ce à dire que la récupération prime sur son utilisation?

La disparition du 10 est-elle le symptôme de ce football toujours plus frénétique? Le 10 symbolise, certes, l'élégance, mais aussi l'intelligence, la vision du jeu et la réflexion, l'imagination et l'application. Le 10 est un maestro, c'est-à-dire un artiste. Dans nos représentations, c'est la figure du marginal, l'homme hors du temps, créatif et fantaisiste. En Italie, c'est ainsi qu'on désigne le numéro 10 : «*fantasista*».

Du sport à la religion

L'Italie a façonné notre idée du poste sur les terrains de football. Elle en a vu passer les plus grands représentants. De Maradona à Platini, en passant par Laudrup, Zico, Zidane, Hagi, Sívori, la Serie A a été bercée par les 10. En 1995, le championnat italien offre une densité incroyable d'artistes du ballon rond. La Juve a Roberto Baggio et Alessandro Del Piero. La Fiorentina a Rui Costa. Parme a Gianfranco Zola. L'Inter a Dennis Bergkamp. L'AC Milan a Zvonimir Boban et Dejan Savićević. La Roma

◀ Roberto Baggio,
Juventus Turin–Parme,
finale de la Coupe de l'UEFA,
17 mai 1995.

Nom : Hagi.
Prénom : Gheorghe.
Profession : Maradona roumain.

« LE 10 EST UN MAESTRO, C'EST-À-DIRE UN ARTISTE. »

a Francesco Totti. La Sampdoria a Roberto Mancini. Chaque club a son *fantasista*, son aimant à ballon. Il sera l'homme chargé de casser les systèmes tactiques mis en place par les adversaires.

Le 10 répond à une exigence réelle exacerbée par le contexte tactique de ces années en Italie. Face à des blocs disciplinés où le moindre espace doit être réduit de manière significative, le 10 crée, invente, ouvre les défenses en deux, tel Moïse devant la mer Rouge. Le 10 ne serait-il pas d'ailleurs le prolongement footballistique d'un prophète, lui-même «représentant» de Dieu sur Terre? En se penchant sur le culte voué par les supporters pour ces héros légendaires, la question se pose. En Argentine, l'Église maradonienne a pignon sur rue. À Rome, certains se revendiquent de l'Église tottienne. Ces joueurs représentent la perfection faite football. L'homme de Vitruve appliqué au jeu. Il incarne toutes les qualités poussées à leur paroxysme : vision du jeu, intelligence situationnelle, exécution technique.

La pause n'est pas l'ennui

Le 10 n'est ni le plus musclé, ni le plus endurant, ni même le plus régulier des joueurs. Un artiste ne réalise pas une œuvre en dix minutes, il ne peint pas d'un trait, il ne compose pas une œuvre par jour. Il écrit, déchire puis recommence. Il se rate, jette, démolit puis reconstruit. L'artiste ne se précipite pas. Il a besoin de réfléchir, de s'ennuyer, de se perdre dans ses pensées, de prendre le temps. Sur un terrain de foot, le numéro 10 ne s'exécute pas de manière frénétique, il a besoin d'analyser, de calculer. Il ralentit le jeu et marque la pause.

Lorsqu'on se risque à la comparaison des époques, on met de notre sensibilité dans l'affaire. Beaucoup estiment que le football d'avant était ennuyeux. En effet, c'est un football de pause. Le jeu va rarement d'un but à l'autre. On ne parle pas de *gegenpressing*, et – voyez ici une petite provocation – à peine de pressing. Les phases de possession sont plus longues, les raisonnements aussi. Cependant, réduire la pause à l'ennui est hasardeux. Un artiste «construit» son œuvre aussi lors de ces temps faibles, lorsque son cerveau gambade et puise des idées dans ses pensées. Le rythme et l'intensité (et donc la densité) sont les ennemis du 10. La société de 2025, son injonction à l'activité permanente, aux stimulations perpétuelles, n'a pas grand-chose à voir avec celle du 10 de 1995. Le temps passé à ne rien faire est désormais du temps perdu. On ne laisse plus les enfants s'ennuyer. C'est pourtant de l'ennui que naissent souvent les pensées. Et de ces pensées des idées neuves. Les numéros 10 les plus créatifs n'étaient peut-être que cela : des enfants qui auraient eu la chance de s'ennuyer un peu plus que les autres.

L'esthétisme au service de la performance

Dernier élément de la mythologie du 10 : l'esthétisme. Il est le symbole du beau, de la qualité prévalant sur la quantité. L'aisance technique est la marque de ces joueurs capables d'inscrire des buts extraordinaires. Leur toucher de balle hors du commun a marqué l'histoire du jeu. Avec eux, il n'est plus seulement question d'un tir, d'une passe décisive ou d'un geste technique, mais d'un *beau* tir, d'une *belle* passe décisive ou d'un beau geste technique. Le football survolté actuel captive mais émeut moins. Si tous les passionnés de foot ne sont pas aussi unanimes quant à l'utilité d'un numéro 10 appliqué au football de 2025, tous reconnaissent qu'il est un joueur d'une espèce spéciale, belle, attachante, romantique et clairement en voie de disparition. Suffisant pour réclamer un Grenelle de la fantaisie?

BIO EXPRESS

4 octobre 1955
Naissance à Las Parejas, en Argentine.

1986
Champion du monde avec l'Argentine lors de la Coupe du monde au Mexique, (un but en finale contre l'Allemagne).

1994-1996
Entraîneur du Real Madrid. Il remporte la Liga dès sa première saison, lançant notamment un jeune Raúl González.

2000-2011
Dirigeant du Real Madrid, il occupe notamment le poste de directeur général du club.

Jorge VALDANO

Grande année 1995 pour Jorge Valdano : entraîneur du Real Madrid, il est champion d'Espagne en comptant dans ses rangs deux joueurs iconiques de la décennie, Michael Laudrup et Fernando Redondo. Au passage, il inaugure le crépuscule du Barça de Cruyff en lui collant un 5-0 qui accélérera sa chute. Déjeuner à quelques pas de Santiago-Bernabéu avec le maître.

Propos recueillis par Thibaud Leplat

« QUAND J'ÉTAIS ENFANT, ON DISAIT DÉJÀ : "C'ÉTAIT MIEUX AVANT." »

Que reste-t-il de ton Real Madrid de 1995 dans celui de 2025 ?

La culture compétitive. Il y a une exigence qui s'installe très rapidement dans l'âme des joueurs, dès le premier jour. Le Real Madrid n'a pas de projet esthétique prédéfini, mais une soif de victoire permanente et un certain sens du spectacle, lié davantage aux joueurs qu'aux entraîneurs. Ce qui a commencé avec Di Stéfano et Puskás – ce gène compétitif, cette rage de vaincre – est toujours là. Et même si ces joueurs ne cherchent pas spécialement à produire du spectacle, ils le font naturellement. Comment Zidane pourrait-il ne pas offrir de spectacle ? Ou Cristiano, Bellingham, Mbappé ?

Quand tu arrives sur le banc du Real en provenance de Tenerife, à l'été 1994, le club est plongé dans une crise de résultats depuis cinq saisons. À l'époque, la modernité est à Barcelone. À quoi ressemblait le football en 1995?

C'était un football plus défensif, plus spéculatif. Cruyff a mené sa révolution en haut du classement. Avec mon Tenerife, je l'ai fait en bas [les deux saisons précédentes] en échappant à la relégation avec du beau jeu. C'était aussi une forme de révolution. À l'époque, pour éviter la descente, il fallait jouer de manière violente, défensive, en laissant l'initiative à l'adversaire. Quand j'arrive sur le banc du Real, je promets aussi du «spectacle» aux supporters. J'utilise volontairement ce mot – «spectacle» – parce que Cruyff s'en était emparé. Il a changé la façon dont les Espagnols se connectent au football. Un pays qui s'identifiait jusque-là à la *furia* a soudain compris que le jeu tournait autour du ballon et du talent de ses joueurs. À l'époque, Romário ou Laudrup effrayaient les entraîneurs parce qu'ils ne couraient pas, n'étaient pas forcément très physiques. Pourtant, Cruyff a su créer un système d'une beauté incroyable. Il a imposé une nouvelle idée, une nouvelle manière d'être du football espagnol.

Une de tes premières décisions est d'amener avec toi Fernando Redondo. Et ensuite Michael Laudrup...

Pour moi, le milieu de terrain est le centre d'opération d'une équipe. C'est lui qui indique à l'équipe comment jouer. Redondo était un joueur d'associations courtes, mais il était une référence très stable qui permettait aux autres de s'organiser : «Moi, je joue à gauche de Redondo, moi à droite, moi devant Redondo, moi derrière Redondo.» Un peu comme ce qui se passait à Barcelone avec Guardiola. Deux styles différents, mais deux personnalités exceptionnelles. En plus, à ce moment-là, pour des raisons juridiques, je ne pouvais disposer que de trois joueurs étrangers. Donc Prosinečki est parti, Redondo est arrivé, et je voulais aussi que Zamorano parte pour faire venir Cantona.

Qu'est-ce qui t'intéressait chez Cantona?

Techniquement, c'était un prodige, mais c'était sa personnalité qui m'attirait. Avec Redondo et Cantona, il aurait été impossible de ne pas insuffler de confiance à n'importe quelle équipe. J'ai eu une petite conversation avec lui. Il m'a parlé de l'état du terrain. Il avait remarqué qu'il n'était pas en parfaite condition. Je me suis dit : «C'est bon signe.» Je lui ai répondu : «Ne t'inquiète pas, si j'ai réussi à faire changer le terrain de Tenerife, j'y arriverai ici aussi.» Elle n'avait pas été retouchée depuis vingt-cinq ans. J'y ai aussi fait agrandir le terrain d'un mètre de chaque côté. Mais bon, Cantona n'est pas venu et Redondo s'est blessé pendant la présaison... (*rires*)

Quand Amavisca se blesse, plutôt que de faire jouer Butragueño, tu vas chercher un certain Raúl qui ne jouait même pas dans l'équipe réserve. Quel genre de caractère avait-il à 17 ans?

C'était un *caradura* [culotté]. Il traitait les vétérans d'égal à égal. Cela définissait aussi son style de jeu. L'audace, le courage, tout cela venait de son quartier. Il savait que pour jouer au football là-bas, il fallait être très courageux.

Mais il savait aussi quand traverser la rue pour éviter un gars plus fort que lui. Il savait se cacher, se montrer, défier, il savait tout faire. Voilà ce que la pauvreté enseigne. Des joueurs issus de cet environnement, en Europe, il n'y en a pratiquement plus. Il y a beaucoup de fils d'immigrés, mais ils entrent très vite dans la structure d'un club, dès 8 ou 9 ans, et ils ne se forment plus dans les quartiers défavorisés. Zamorano, Amavisca, Laudrup, Redondo, Florés sont des joueurs iconiques. Aujourd'hui, je ne vois pas cette personnalité chez les joueurs… Aujourd'hui, on joue davantage par automatisme. Pour avoir le droit à une certaine liberté, tu dois être un super-crack.

Le jeu était nettement plus lent en 1995. Dirais-tu que c'était moins difficile pour un joueur comme Laudrup de briller ?

Laudrup provoquerait aujourd'hui les mêmes déséquilibres qu'il provoquait à l'époque. Il était très imaginatif, prenait beaucoup de risques, perdait beaucoup de ballons, mais quand il réussissait quelque chose, c'était un demi-but. Il regardait toujours vers l'avant, ne revenait jamais en arrière, ne défendait jamais. Il n'a récupéré qu'un seul ballon dans sa carrière, sur le troisième but de ce *Clásico* où nous avons mis 5-0 au Barça (le 7 janvier 1995) ! Parce qu'il avait des comptes à régler avec Cruyff. Mais nous étions bien organisés pour défendre et presser efficacement. Nous forcions les adversaires à jouer à une vitesse qu'ils ne pouvaient pas supporter. C'est ainsi que nous provoquions des imprécisions. Aujourd'hui, il y a plus de technique individuelle pour le contrôle et la passe. Mais pas pour le dribble ni pour les passes décisives.

Cruyff est responsable de la tournure que prend alors le football en le faisant reposer davantage sur le contrôle et la circulation de balle…

Chez Cruyff, la conduite de balle était interdite. Pep a nuancé des choses plus tard : « Si je suis seul et qu'un adversaire est à 20 mètres, pourquoi ne pourrais-je pas avancer avec le ballon ? » L'Académie concentre tout l'entraînement sur une ou deux touches de balle. Les joueurs apprennent cette dynamique : contrôler, passer, contrôler, passer. Tout finit par être très rapproché. Avant, il fallait attirer l'adversaire : tu gardais le ballon, tu le provoquais. Maintenant, plus besoin d'être Brésilien, n'importe quel joueur d'Europe du Nord contrôle et passe à la perfection. Mais demande-lui de dribbler une chaise, ça, il n'y arrivera pas.

« ON JOUAIT BEAUCOUP SUR LA RÈGLE DU HORS-JEU. »

On a compris comment ton Real attaquait. Peux-tu nous expliquer comment il défendait ?

Un 4-4-2, avec pressing très avancé et un resserrement permanent des espaces. On jouait beaucoup sur la règle du hors-jeu. Chaque match commençait avec un face-à-face contre notre gardien ! Mais on les asphyxiait, on les asphyxiait, on les asphyxiait. Le problème, c'est que nous n'avions pas beaucoup de ressources. Au fil de la saison, nous nous sommes pas mal usés.

Tu as un jour écrit que l'Académie avait tué le football de rue. Cette opposition était-elle déjà visible en 1995 ?

En 1995, il y avait plus de joueurs spontanés, qui prenaient des décisions, qui étaient capables d'interpréter un match et de le changer sans avoir besoin de consulter l'entraîneur.

La première fois que j'ai vu Cruyff, c'était lors d'une éliminatoire de Coupe du roi. C'était à Vitoria, et à l'époque, je jouais pour Alavés. Le match commence, et il se met à pleuvoir des cordes. Cruyff s'est mis en position de *libero*. Depuis ce poste, il a réorganisé toute l'équipe, a ordonné un nouveau système de jeu, a changé toute la dynamique. L'entraîneur n'a pas quitté le banc, n'a rien demandé, ni avant ni après le match. Comme si tout cela était normal. Aujourd'hui, aucun joueur ne pourrait faire ça.

Le rôle du milieu de terrain a aussi changé ?

Oui, le numéro 10 est devenu un milieu logique, pas imaginatif. Par exemple, Busquets : il jouait comme un numéro 10 dans le Barça de Pep, mais sans une logique de milieu défensif. Et le numéro 10, lui, s'est transformé en second attaquant, en ailier, ou a fini sur le banc. Cela a commencé dans les années 1990 avec Baggio. Sacchi disait que le numéro 10 était un « demi-joueur ». Arda Güller va souffrir dans le Real Madrid d'aujourd'hui, parce qu'il joue à un poste qui n'existe plus. En 1995, Laudrup n'était pas seulement à son poste, mais il était emblématique. Les gens venaient pour le voir. Ils voulaient que le ballon passe par lui, que des choses se passent grâce à lui.

« J'AI SENTI QUE CE N'ÉTAIT PAS UNE ÉQUIPE POUR MOI. »

La figure de l'entraîneur a-t-elle fini par dévorer celle du joueur ?

Les entraîneurs ont besoin d'équipes sur mesure. Par exemple, j'ai parlé l'autre jour avec Julen Lopetegui, qui vient de partir de West Ham, et il m'a dit : « J'ai senti que ce n'était pas une équipe pour moi. » Aujourd'hui, l'entraîneur attend que le club lui fournisse les joueurs qu'il souhaite. Nous avons transformé le football en un phénomène économique. En deux ans et demi, nous sommes passés de 120 équipes sous statut de société anonyme à 320 en Europe. Les PDG de ces clubs, en général, ne connaissent rien au football, et l'entraîneur doit traduire ses idées dans un langage compréhensible pour eux. Cela passe par la méthodologie, les données, les résultats. Aujourd'hui, les entraîneurs portent toutes les responsabilités. En Argentine, il n'y a pas de relégation, et pourtant, sur 28 équipes, il y a déjà eu 64 changements d'entraîneurs.

Les dirigeants connaissent mal le football. En 1995, comment était Ramón Mendoza, le président du Real quand tu y étais comme entraîneur ?

Mendoza avait des idées. Il avait cette intuition que le Real avait besoin d'un milieu défensif. Je lui ai demandé pour quoi faire. Il m'a répondu : « Parce que nous n'avons personne pour récupérer les ballons face à l'adversaire. » Je lui ai alors répondu : « Il va arriver tout seul et prendre le ballon à toute l'équipe adverse? Nous devrons tous le récupérer ensemble. Et si nous avons le ballon, nous aurons moins besoin de le récupérer. » Bon, c'était une question qu'on pouvait compenser. L'autre jour, j'ai lu que le président de l'Olympique de Marseille devait convaincre quatre personnes au-dessus de lui dans la hiérarchie pour prendre une décision. Et aucune de ces personnes ne connaît le football. C'est très difficile de se faire comprendre dans ce genre de contexte, parce que le football est une matière très aléatoire. À mon époque, mon staff technique comprenait un préparateur physique, un entraîneur des gardiens, un adjoint et moi. Nous avons gagné la

« Thibaud n'a pas osé nous donner le menu de son déjeuner avec Valdano. Je crains le pire... »
LE TACLE DE **DANIEL**

Liga sans parler une seule fois de l'adversaire. Pas de vidéos, rien. Nous nous sommes concentrés uniquement sur notre propre jeu.

Il y avait des personnages romanesques parmi les footballeurs. Aujourd'hui, ils ressemblent davantage à des robots...

Oui, il y avait des personnages très séduisants. Les joueurs étaient des produits de la rue. Le genre de gars qui te regarde et te cerne immédiatement. Convaincre ce genre de type n'est pas une chose facile. Le football était le produit de la rue et de la pauvreté. Quand il est devenu académique, les classes moyennes ont eu beaucoup accès à un certain type de formation. La rue valorisait la différence. Pas l'académie qui, disons, uniformise les joueurs talentueux. Des joueurs comme Mbappé ou Vinícius sont des talents qui ont besoin de liberté pour te faire gagner les matchs. Mais s'ils ne respectent pas les obligations, c'est toute la structure qui en souffre. Avant, ce n'était pas aussi grave.

L'urbanisme a changé, le monde a évolué, la société n'est plus la même.

Qu'ils soient footballeurs ou non, pour les jeunes aujourd'hui, tout est là, à portée de main (*il montre son portable*). Ce qu'ils recherchent – le sens de l'aventure – s'arrête ici. S'ils ne sortent pas pour l'expérimenter dans la rue et qu'ils le cherchent uniquement sur Internet, c'est très difficile. Quand j'étais enfant, on disait déjà : « C'était mieux avant. » Nous avons tous la nostalgie de nos 20 ans. Cela dit, je ne pense ni que les jeunes soient moins malins aujourd'hui, – au contraire même –, ni que le football soit pire que celui d'avant. Ce que le football avait, c'étaient des individus capables de donner une esthétique au jeu.

L'arrêt Bosman tombe le 15 décembre. Comment analyses-tu ses conséquences ?

Du jour au lendemain, tout a changé. Tout ! Quand je suis arrivé au Real Madrid [en juin 1994], il n'y avait que trois places d'étrangers et des joueurs arrivés gratuitement : Laudrup, Quique Flores, Cañizares. L'année suivante, Capello arrive, et avec lui, Ilner, Secretário, Panucci, Roberto Carlos, Seedorf, Mijatović, Šuker. Avant Bosman, les équipes avaient une identité locale plus forte. Dans le vestiaire, il y avait 15 Espagnols, dont 7 ou 8 joueurs issus du centre de formation. Transmettre les valeurs du club était plus facile. Aujourd'hui, tout a changé. N'importe qui a désormais accès au football du monde entier. Un gars de mon village peut maintenant regarder un match du Real et ensuite essayer d'imiter Vinícius dans son quartier. À mon époque, mes idoles étaient des joueurs de mon village. Je n'ai pas vu de match professionnel à la télévision avant l'âge de 16 ans. Le premier match que j'ai vu, c'était lors de la Coupe du monde de 1970 au Mexique.

Le récit du football a aussi changé. L'image a pris toute la place, au détriment de l'imaginaire. Tu es consultant à la télévision espagnole depuis 1994. Qu'est-ce qui a le plus changé ?

Connaître le football, c'est connaître les joueurs. En 1995, nous vivions dans un football analogique. Aujourd'hui, il est digital, et l'empire de la tactique oblige à donner au moins une référence au spectateur. À l'époque, je me sentais comme un supporter qui racontait des choses à un autre supporter. Aujourd'hui, je me sens comme un entraîneur qui traduit le jeu pour un supporter. Si tu mets un fan dans une discussion tactique d'un entraîneur de première division de 2025, il ne comprendra plus rien.

« CELA DÉMONTRE BIEN QUE LES ARGENTINS SAVENT DES CHOSES QUE LES AUTRES NE SAVENT PAS. »

La retransmission d'un match en 2025 n'a plus rien à voir avec celle de 1995. Dans un contexte de mondialisation extrême, un match est devenu un produit de consommation globale.

Pour les clubs, ce sont des clients potentiels. De la même manière, mon petit-fils ne me demande pas un ballon de football, il me demande un maillot. C'est comme si le jeu était devenu secondaire. Moi, je n'ai gardé aucun de mes maillots. Ce fétichisme a toujours existé, mais c'est devenu un business incontournable. Depuis l'arrivée de Florentino Pérez, le Real a multiplié par 10 ses revenus marketing. En 1995, le marketing, c'était un vieux wagon de tramway devant le stade, avec une petite fenêtre. On y allait tous, moi compris ! Je disais : « Donnez-moi 10 pin's, 20 photos de moi, 20 photos de l'équipe, 10 fanions. » Je payais et j'emportais ça en Argentine pour l'offrir. C'était ça, le marketing.

Penses-tu que le football peut se « civiliser » ? Ou restera-t-il toujours un côté sauvage ?

J'ai aimé que l'Argentine gagne la Coupe du monde au Qatar en 2022 car cette sélection a conservé des éléments liés au football de rue. Dans ce match contre la France, l'Argentine a eu beau être clairement dépassée physiquement, elle s'en est sortie grâce à sa roublardise. Il y a quelque chose dans l'essence du joueur argentin qui résiste encore. À ce sujet, il y a une anecdote intéressante dans un livre écrit par un Anglais sur la tactique [Jonathan Wilson, *La Pyramide inversée*, Hachette Pratique, 2018]. Il évoque l'Argentine de 1986. On jouait avec trois centraux et deux latéraux qui étaient en réalité des milieux de terrain. Il raconte mon but en finale. Je suis parti de ma propre surface, j'ai fait une diagonale, et là, il écrit quelque chose comme : « Cela démontre bien que les Argentins savent des choses que les autres ne savent pas. » J'ai eu envie de l'appeler pour lui demander : « Dis-moi, qu'est-ce que j'ai découvert que je ne sais pas moi-même ? Parce que je suis le premier à ne pas savoir ! »

Ces caractéristiques subsistent-elles ? Peut-on encore parler d'un style national argentin ?

Certaines choses, oui. Pas ce que nous appelons *la nuestra*, mais la maîtrise du métier, la fierté, les codes du vestiaire, tout cela reste intact. L'histoire de l'Argentine est celle d'une longue décadence. Nous sommes pires qu'avant dans absolument tous les domaines, sauf dans le football. Pourquoi ? Julio Velasco dit quelque chose d'intéressant : « Parce que nous ne nous comparons pas à nous-mêmes, nous nous comparons aux Européens, c'est le monde que nous voulons conquérir.» Un gamin de 12 ans qui a du talent pense déjà au club européen dans lequel il aimerait aller.

Chaque génération semble vouée à en vouloir à la précédente. Si tu retournais dans un vestiaire d'une équipe professionnelle, qu'y trouverais-tu ?

Quand je suis arrivé à 18 ans, les vétérans se plaignaient déjà que ma génération ne les vouvoyait plus. C'était perçu comme un manque de respect de tutoyer une figure établie. Mais si j'y retournais, je retrouverais exactement la même chose : trois ou quatre joueurs obéissants, trois ou quatre très obéissants, trois ou quatre qui te défient, et trois ou quatre autres qui se moquent complètement de ce que tu dis. Et il faut convaincre tout le monde. Tu dois devenir un spécialiste de chaque joueur. Aujourd'hui, les staffs techniques sont tellement grands qu'on peut presque attribuer une personne par joueur. Au moindre coup franc marqué, l'entraîneur va embrasser un type que personne n'a jamais vu (*rires*) !

Selon les enquêtes, le niveau moyen d'éducation des joueurs a augmenté. Sont-ils pour autant plus cultivés qu'ils ne l'étaient auparavant ?

Le niveau social des joueurs a augmenté. Mais dans le football, on a souvent confondu intelligence et éducation. Ce sont deux choses très différentes. Des joueurs intelligents, il y en a toujours eu. Ils n'étaient pas cultivés, certes, ne pouvaient pas avoir des conversations très élaborées, mais c'étaient des gens malins, intuitifs, capables de tenir des échanges très intéressants. Et cette vivacité d'esprit est essentielle pour jouer au football, surtout quand, comme à l'époque, il était plus spontané. Aujourd'hui, même pour comprendre l'entraîneur, il faut avoir un certain niveau de préparation. Chaque année, le vocabulaire change.

Les générations qui viennent s'intéressent de moins en moins aux matchs. De ton point de vue, le football te semble-t-il en danger de disparition ?

Je ne m'étais jamais posé la question jusqu'au jour où, il y a cinq ans, Fernando Signorini m'en parle. Et c'est vrai. Il a raison. Ça ne me semble pas impossible. C'est une passion populaire, et les passions populaires sont résistantes. Mais si le football cesse d'être populaire, s'il se sophistique trop, si le vocabulaire l'éloigne des gens, si les joueurs se cachent davantage et interagissent de moins en moins avec les supporters, il ne restera plus que quelques bastions isolés comme l'Athletic Bilbao, où les joueurs se mélangent encore naturellement avec les habitants.

En 1986, il y avait Zico, Maradona, Platini. Aujourd'hui, pour un Mondial, il y a Mbappé, Vinícius, Bellingham, Kane... Peut-on comparer ?

Ce ne sont pas des génies, mais ce sont des super-cracks.

Mais ils ne sont pas des icônes comme les joueurs de 1986.

C'est pareil dans d'autres domaines. Bogart et Brad Pitt, par exemple. Pourquoi préfère-t-on Bogart ? Parce qu'avant, il y avait plus de mystère. Aujourd'hui, il y en a beaucoup moins. Brad Pitt, même quand il va au supermarché, il y aura toujours quelqu'un pour venir prendre 25 photos.

« Cette interview passionnante est trop courte ! On veut la suite dans le prochain numéro. »

L'AVIS DE **GILBERT**

CRUYFF, dernière danse

C'est une loi implacable : quand le Real rit, le Barça pleure. En 1995, le Real Madrid est champion, le Barça a donc de bonnes raisons de pleurer. Mais de rage, contre Johan Cruyff qui met le feu au club pour sa dernière saison sur le banc. Récit.

Adrián Mediavilla

Quand le mari de sa fille ramasse le ballon au fond des filets pour la cinquième fois, Johan Cruyff comprend qu'il y a un problème. C'est une nuit pluvieuse de février 1995, et le FC Barcelone perd 5-0 contre le Racing Santander. Chaque but de l'équipe cantabre est un coup porté à la mémoire de sa *Dream Team*, équipe qui avait remporté quatre Ligas consécutives et offert au club sa toute première Coupe d'Europe en 1992. Ce succès avait fait de Johan Cruyff une figure omnipotente à Barcelone. Fort d'un pouvoir bien supérieur à celui de ses joueurs, son influence dépassait même celle du président du club, l'homme d'affaires Josep Lluís Núñez.

Revenons au début de la fin : été 1994. Le Barça vient de décrocher son quatrième titre d'affilée en Liga, mais quelques jours plus tard, il implose en finale de la Coupe d'Europe face à l'AC Milan de Fabio Capello : une déroute 4-0 qui laisse une sensation amère. Le Barça de Cruyff n'est plus intouchable. La saison s'achève. Deux de ses stars s'en vont. Romário, auteur de 30 buts l'année précédente, s'envole pour disputer la Coupe du monde avec le Brésil aux États-Unis. Le meneur de jeu danois Michael Laudrup, lassé d'être mis de côté par Cruyff, accepte l'offre du Real Madrid, où il devient la pièce maîtresse du nouveau projet mené par Jorge Valdano.

Une histoire de famille

Pour remplacer Laudrup, Cruyff mise sur le numéro 10 de l'équipe de Roumanie, Gheorghe Hagi. Avec lui débarquent au Barça des joueurs qui, en d'autres temps, n'auraient jamais eu leur place dans la *Dream Team* : des jeunes issus de clubs de milieu de tableau espagnols comme Abelardo, José Mari ou Eskurza ; des joueurs formés au club comme Escaich et Sánchez Jara ; et l'ailier russe de l'Espanyol, Igor Korneïev, qui n'avait disputé que 64 minutes en Coupe du monde et alternait entre l'équipe première et la réserve… à 27 ans.

Dans l'effectif, deux joueurs arrivent avec un poids sur les épaules : Jordi Cruyff, fils de Johan, et Jesús Mariano Angoy, compagnon de Chantal Cruyff, la fille de l'entraîneur néerlandais. Jordi n'est pas un mauvais joueur, c'est

« LE REVERS CONTRE LE PSG PLOMBE LE MORAL DES *BLAUGRANA*. »

vrai. Son problème ? Ne pas avoir abandonné le patronyme « Cruyff » le jour où son père lui a offert ses premières minutes en équipe première. Jesús Mariano Angoy, en revanche, n'aurait jamais été professionnel sans son beau-père Johan Cruyff. Gardien de la réserve jusqu'à 28 ans, il ne disputera que neuf matchs avec l'équipe première avant de prendre sa retraite à 29 ans.

L'été sera chauve

Le début de saison est chaotique : sur les neuf premiers matchs, le Barça en perd quatre. Romário, lui, ne reviendra jamais vraiment de sa Coupe du monde remportée aux États-Unis. Auréolé du titre mondial, l'attaquant brésilien a perdu la flamme. Plus de samba, moins de travail. À Noël, Cruyff l'expédie au Brésil avec un aller simple dans la poche. En janvier 1995, le Real Madrid, futur champion, inflige un cinglant 5-0 au Barça dans un Santiago-Bernabéu en transe. Un mois plus tard, Barcelone subit une nouvelle *manita* à Santander. En mars, les Catalans sont éliminés en quarts de finale de la Ligue des champions par le PSG. Ce revers plombe le moral des *Blaugrana*, qui ne remportent qu'un seul de leurs neuf matchs suivants.

Le Barça a besoin de changements. Cruyff sort la guillotine à l'été 1995 et se sépare de ses deux stars, Ronald Koeman et Hristo Stoitchkov, pousse vers la sortie deux figures de sa *Dream Team*, Txiki Begiristain et Eusébio, et fait marche arrière sur ses recrutements de l'été précédent en se débarrassant d'Eskurza, Korneïev, José Mari, Escaich et Sánchez Jara.

En contrepartie, il attire des talents confirmés comme Gheorghe Popescu, Luís Figo, Robert Prosinečki et Meho Kodro, qui reste sur une saison à 25 buts avec la Real Sociedad. Mais son plus grand pari vient de *La Masia*, le centre de formation du club. C'est ainsi qu'émerge la *Quinta del Mini*, du nom du Mini Estadi où évolue le Barça B. La pépite de cette génération ? Un meneur de jeu au crâne rasé : Iván de la Peña. Cruyff remet les clés du jeu au *Pelat* (le Chauve), alors âgé de 19 ans.

Johan : saison finale

Pour un supporter du Barça, la satisfaction liée à son équipe est souvent inversement proportionnelle aux résultats du Real Madrid. La saison suivante, 1995-1996, le club madrilène, champion en titre, s'effondre : Jorge Valdano est licencié avant même la fin de la saison.

Le Barça ne perd qu'un seul de ses quinze premiers matchs de Liga. Mais c'est un autre club de Madrid, l'Atlético, qui ruinera ses ambitions : les *Colchoneros* remportent Liga et Coupe du Roi, battant les Catalans en finale. En avril 1996, l'ère Cruyff au FC Barcelone prend fin. En l'espace de dix jours, le club perd les trois titres auxquels il prétendait encore.

Cet échec est une victoire pour le président Núñez. Jaloux de l'omniprésence de Cruyff, il engage l'Anglais Bobby Robson et congédie Cruyff à deux matchs de la fin pour le priver d'adieux au Camp Nou. Cruyff quittera le Barça en restant fidèle à ses idées. Lors de son dernier match, De la Peña et son fils Jordi sont titulaires pour un triste 1-1 face à l'Espanyol. Quelques jours plus tard, Mariano Angoy signe à Cordoue, où il ne jouera jamais. Jordi Cruyff, lui, rejoint le Manchester United d'Alex Ferguson, avant de passer l'essentiel de sa carrière au Celta de Vigo et à l'Espanyol, loin des exigences du Camp Nou et d'Old Trafford. Johan Cruyff, lui, ne s'assiéra plus jamais sur un banc.

▲ George Weah, homme-sandwich.

Cher
PSG 2025

Le Paris Saint-Germain 1995, c'est évidemment beaucoup mieux que le Paris Saint-Germain 2025. C'est comme ça. C'est le cœur qui parle. Et le cœur a toujours raison. Parole de supporter.

Arnaud Samson

Il paraît que la nostalgie, c'est un truc de vieux. Bah oui, évidemment : il faut avoir vécu des choses pour se les remémorer. Ça n'a pas bonne presse, la nostalgie, dans notre époque ultra-connectée. La course aux *likes* fait et défait les carrières, le mot GOAT précède le moindre joueur de football dont le but du genou à la 89e minute a fait le tour des réseaux sociaux. Tout va trop vite, la réflexion a laissé place à la réaction. Se remémorer ce qu'il s'est passé il y a trente ans, c'est limite un truc de retraités. Oui, mais le foot faisait déjà partie de ma vie, et je crois même que mes souvenirs de l'époque sont bien plus puissants que ceux des gamins de 2025. J'étais déjà supporter du Paris Saint-Germain en 1995 et, je crois, un supporter plus heureux. Contrairement à ce qu'a affirmé un jour Zlatan : oui, nous avons vécu de grandes choses avant le projet qatari.

Franchement, si l'on doit comparer le Paris Saint-Germain de 2025 avec celui de 1995, ça va être dur pour les hommes de Luis Enrique de ne pas se vexer. Pourquoi? Le Parc des Princes, bien sûr ! Alors oui, on peut parler de la centaine de supporters problématiques qui ont terni la réputation de tous les autres. Mais le Parc des Princes, c'était un stade qui faisait peur à tous les clubs qui venaient affronter le PSG. Français comme Européens. Le bruit, les chants, les deux kops qui se répondaient, les *tifos* côté Auteuil... c'était dans l'une des plus belles enceintes d'Europe. L'une des plus grosses ambiances, sans aucun doute.

Beyoncé, Rihanna et moi

Aujourd'hui, rien à voir. Le Parc des Princes est devenu une étape obligatoire pour tous les touristes étrangers. Il ne faut plus se lever pour ne pas déranger nos voisins sud-coréens ou argentins venus admirer l'idole d'un peuple plutôt qu'une équipe dont ils se foutent complètement. D'ailleurs, quand je vois Beyoncé ou Rihanna au Parc, ma première pensée, c'est toujours : « Mais qu'est-ce qu'elles foutent à côté de Teddy Riner? » Il y aura bien un gamin (ou moi) qui serait fou de joie d'être là. Elles font des vues, des *likes*, super. Tout ça pour nous vendre ensuite des vestes à 1500 balles ou des VTT en or massif siglés Paris Saint-Germain. Si ma nostalgie va mal, rassurez-vous, les comptes du club, eux, sont au beau fixe.

« NOS ATTAQUANTS D'AUJOURD'HUI SONT PLEINS DE PROMESSES, MAIS À MON ÂGE, ON PRÉFÈRE LES ACTES. »

Entre PSG 2025 et PSG 1995, le PSG 1995 gagnerait par K.-O. C'est cruel? Oui. Mais c'est comme ça, la nostalgie. Elle fige des moments, des matchs et des joueurs qui nous ont fait vibrer au point de laisser des traces indélébiles dans la mémoire et dans le cœur. On ne choisit pas sa nostalgie, mais si vous voulez un peu d'objectivité, faisons un jeu. Comparons les effectifs. D'abord, les deux Luis, Enrique et Fernandez. L'un est l'entraîneur du FC Barcelone le soir du plus grand scandale de l'histoire du football (la *remontada* en 2017) et l'autre aime le PSG depuis plus de quarante ans. Il a même fait ce que personne d'autre n'a réussi à faire avec ce club : soulever la Coupe d'Europe (par pure mauvaise foi, je dis toujours «Coupe d'Europe» et pas «feu la Coupe des coupes»).

Ensuite, le gardien de but. D'un côté, l'un des plus grands gardiens de l'histoire de ce sport, le plus grand de l'histoire du PSG : Bernard Lama. De l'autre : Gianluigi Donnarumma, un gardien pour qui je me suis mis à l'italien. Mais pour lui dire précisément tout ce que je pense de son jeu au pied et de ses sorties sur coups

Corbeille kamoulox.

▶ **Elle a dit « oui » !**

de pied arrêtés. Je vous épargne le point mode qui, lui non plus, n'est pas en faveur de l'Italien, tant la tenue de Lama était iconique. Les défenseurs? C'est simple, Ngotty a marqué un coup franc qui nous a offert un sacre européen et l'autre, Alain Roche, vaut largement Marquinhos.

Où tu es je serai là

On passe au milieu de terrain? À la jeune génération de 2025, certes prometteuse, je n'opposerai qu'un nom : Raí Souza Vieira De Oliveira dit Raí, figure emblématique du club rouge et bleu. Milieu de génie à la technique phénoménale, buteur, classe, élégant ; c'est une véritable légende du club. J'invite les joueurs ayant quitté le PSG ces dernières années à regarder les vidéos du dernier match de Raí au Parc. Ils comprendront alors ce qu'on attendait de ceux qu'on ne demandait qu'à aimer (Raí, cligne des yeux trois fois si tu es otage au Paris FC). Alors Warren, Neves ou Vitinha, on se reparlera dans trente ans pour une éventuelle comparaison.

Devant, je ne ferai pas l'affront de comparer Youri Djorkaeff à n'importe lequel de nos attaquants d'aujourd'hui. En une seule saison au club, Youri a marqué de son empreinte le club et son histoire. Nos attaquants d'aujourd'hui sont pleins de promesses, mais à mon âge, on préfère les actes.

« ENTRE PSG 2025 ET PSG 1995, LE PSG 1995 GAGNERAIT PAR K.-O. »

J'ai l'âge de mon club. L'avantage, c'est d'avoir pu connaître quasiment toutes ses époques. J'ai chanté, hurlé, vibré et pleuré (de joie ou de désespoir) pour tellement de matchs et tellement de joueurs que je sais dire précisément à quelle époque se trouve mon panthéon. Je ne peux évidemment pas reprocher aux plus jeunes supporters de ne pas avoir vécu tout ça, mais ce que je sais, c'est que chaque supporter en âge d'avoir vécu le PSG, le Parc, le football il y a trente ans le préférait avant. Ce n'est pas cruel, c'est le cœur. «Car nous deux, c'est pour la vie.»

PSG
Liptonic
PARIS
SAINT-GERMAIN
QATAR
AIRWAYS

les ICÔNES

BOUDDHA
a mal au genou

Roberto Baggio aurait dû être champion du monde et Ballon d'or en 1994. Il n'a été ni l'un ni l'autre. Barré par des blessures et l'avènement de Del Piero à la Juventus, il file à Milan. Une nouvelle saison démarre. Dans Milanello désert, Baggio ressasse. Pensées imaginaires.

Nicolas Zeisler

Il est 6 heures. Milanello dort. Je sors du lit. Pied droit, pied gauche. Je me redresse doucement. J'ai 29 ans et l'impression d'en faire le double. Je joue sur le fil du rasoir, en sachant que tout peut s'arrêter d'un jour à l'autre.

Après m'être passé un peu d'eau sur le visage, je médite en chantonnant *Nam-myoho-renge-kyo*. Quatre mots comme une promesse un peu folle que je me fais à moi-même chaque matin : essayer de mettre ma vie en harmonie avec l'univers. Il y a dix ans, presque jour pour jour, le ménisque, les ligaments croisés et deux ou trois autres morceaux de ma jambe droite ont craqué. C'était mon dernier match avec le maillot du Vicenza et au lieu d'offrir 2 points à mon club formateur qui végétait en 3e division, j'ai été bon pour 220 points de suture. Depuis, j'ai une jambe plus courte que l'autre. Les docteurs doutaient que je puisse remarcher. Si tu ne trouves pas la force en toi, personne ne va faire le boulot à ta place.

Pendant ma convalescence, j'avais peur de tout. Peur de décevoir mon père, ma femme et les supporters de la «Fio», qui avait acheté un gamin qui tenait à peine sur une patte et demie. Peur des mauvais gestes et des faux mouvements. Peur de la rechute. Mais surtout, peur de rater mon rêve, celui forgé sur le terrain de Caldogno, après l'école, jusqu'à ce que l'on disparaisse comme des ombres dans la nuit. Peur de ne plus être capable de prendre la balle et de la porter au but adverse. Peur de ne pas devenir moi-même.

Le ciel de Pasadena

J'ai mis plus d'un an à revenir. J'ai joué un match et le ménisque a sauté de nouveau. Je ne fermais plus l'œil de la nuit. Je ne sortais plus de chez moi. Il n'y avait plus que la souffrance. Puis, j'ai découvert le bouddhisme et le sommeil est revenu, comme par enchantement. J'ai appris à vivre avec la douleur. Sans elle, sans la maladie, la vieillesse et la mort, je ne chercherais pas la Voie.

Lorsque je chante *Nam-myoho-renge-kyo*, je ne chante que *Nam-myoho-renge-kyo* en essayant de ne pas y penser. Soudain, les yeux

lotto
ACM
1899
OPEL
lotto

mi-clos, je pense que je ne pense plus. Le constat de cette petite victoire sur mon agitation intérieure signifie que j'ai cessé de cesser de penser. La récitation de certains passages du Sûtra du Lotus est censée m'aider à chasser les pensées intrusives. Mais l'image d'un ballon s'envolant dans le ciel de Pasadena surgit à intervalles réguliers. Un journaliste conservateur a laissé entendre que la foi catholique m'aurait donné le supplément d'âme nécessaire pour envoyer le ballon au fond des filets. Et l'Italie en finale, c'était l'œuvre du bon Dieu?

Numéro 20

Tu as beau supplier ou te taper la tête contre les murs, Bouddha ne répond pas. Tu t'adresses d'abord à toi-même. La malchance n'existe pas et tu es responsable de tes actes. L'automne dernier, j'ai rencontré mon maître, Daisaku Ikeda, à Milan. J'avais le moral dans les chaussettes et *Sensei* s'en est immédiatement aperçu : «Change ton karma en mission», a-t-il dit.

Je me force à vivre au présent, sans ruminer le passé ni me préoccuper de l'avenir. Ces moments de grâce durent rarement plus de 90 minutes. Quand tu reçois la balle dans les pieds, mieux vaut voir que penser, sous peine de finir le nez dans le gazon. Bouddha ne m'évite pas les coups, il m'aide à les supporter. Il m'aide à découvrir le silence au-delà du fracas des ovations et des sifflets.

Je mâchonne une tartine dans la salle à manger et j'apprécie l'ordre impeccable qui règne à Milanello. Les cuisiniers cuisinent,

« Voir jouer Baggio
et comprendre le football.
Fonce sur YouTube ! »

L'AVIS DE **DANIEL**

« MON GENOU A ENCORE LÂCHÉ. STOITCHKOV N'A EU QU'À SE BAISSER POUR RAMASSER UN BALLON D'OR. »

le président préside, l'entraîneur entraîne, les joueurs jouent et le Milan gagne. Dans les temples bouddhistes, astiquer le sol, remettre une chose à sa place, c'est contribuer à une forme d'harmonie. À la maison, Andreina se moque de moi et m'accuse d'être devenu un maniaque de la propreté. Quand je fais le ménage, je le fais aussi dans ma tête. À l'autre bout du réfectoire, Franco Baresi me fusille du regard. Juste après l'annonce de ma signature, il a déclaré que le Milan disposait désormais d'un numéro 10 et d'un numéro 20. Il était clair que sa préférence allait à Savićević.

À ce stade du voyage, ce genre de choses me glisse dessus comme une pluie de novembre. C'est presque réconfortant de sentir que l'équipe gagne avec ou sans moi. À moins que ce détachement ne dissimule une réalité moins réjouissante : je ne m'amuse plus. À mes débuts, on me demandait ce que je savais faire avec le ballon. Aujourd'hui, tout le monde semble obsédé par le jeu sans ballon.

La jeunesse a toujours raison

Mon genou ne tient qu'à un fil. Ce matin, j'en ai assez de la douleur, physique comme morale. Il faudrait que je parvienne à l'accepter. C'est le sentiment d'injustice qui transforme la douleur en souffrance. La douleur est invisible. Un genou gonflé passe inaperçu depuis les travées de San Siro. J'ai vite compris qu'il valait mieux faire courir le ballon que ma personne.

Pendant que je fais des tours de terrain, je repense à ma dernière année à Turin. Je n'ai jamais adopté cette ville sinistre, à moins que ce ne soit l'inverse. J'ai eu beau y gagner le *scudetto* et le Ballon d'or, mon cœur faisait tic-tac, mais il était comme mort. Après le Mondial américain, j'étais déterminé à ne pas me laisser marcher dessus par le destin, ce qui m'a conduit à marcher sur l'eau pendant quelques semaines. Il faut savoir accueillir l'échec pour le transformer en quelque chose qui ait de la valeur. C'est comme ça qu'on gagne au grand jeu de la vie.

Mon genou a encore lâché. Stoitchkov n'a eu qu'à se baisser pour ramasser un Ballon d'or qui me semblait promis. Del Piero a pris ma place. La Juventus s'est empressée de me vendre au plus offrant. Je n'en veux ni aux Agnelli ni à Alessandro. Je sais que sur un terrain de foot, la jeunesse a toujours raison. Parce qu'elle nous fait oublier le temps qui passe ?

George Weah arrive à ma hauteur. Il vient de me prendre un tour. Ce type est une locomotive. Il traverse le terrain à toute vitesse. Bien que j'aie fait le vœu d'accueillir les choses comme elles sont, cette toute-puissance me tourmente. C'est ça, l'avenir du foot ? Combien de temps tiendrai-je sur mes genoux vacillants ? Mes pensées tourbillonnent comme un vol d'oiseau et George gagne du terrain. *Dai* Roby ! Pas question de prendre un deuxième tour dans la vue.

Tony Cascarino x Reebok :
« Prends ça 2025 ! »

MARSEILLE
entre deux mondes

Les saisons les plus glorieuses ne sont pas toujours celles que l'on pense. Deux ans après le titre européen, l'OM jouera en D2 pendant deux saisons successives belles à en pleurer.

Jean-François Pérès, responsable des sports au *JDD*

1995 est une année très particulière dans l'histoire de l'OM. C'est l'une des rares des quatre dernières décennies à avoir été jouée en deuxième division (premier séjour de 1981 à 1984). Un moment suspendu entre deux ères, avec ses moments de révolte contre les institutions, de menaces de disparition mais aussi de ferveur populaire – dont les plus anciens se souviennent la larme à l'œil. En décembre 1994, Bernard Tapie jette l'éponge, conséquence de l'affaire VA-OM pour laquelle « le Boss » sera condamné à deux ans de prison pour « corruption et subornation de témoin ». Depuis l'été, le premier (et pour l'instant seul, vous connaissez la formule) champion d'Europe du foot français évolue en « Super D2 », où les instances honnies l'ont envoyé faire pénitence.

À Marseille, on hurle au complot, on voit même des banderoles « Indépendance » fleurir au Vélodrome et dans les manifestations « anti-Paris ». Avant de partir sans trop se retourner, Tapie a eu une dernière idée lumineuse : rameuter de vieux briscards pour remonter illico dans l'élite. « Je sais que t'es en vacances en Guadeloupe, mais j'ai besoin de toi dès demain », dit-il notamment à Marcel Dib au téléphone. L'ex-taulier monégasque (1985-1993) vient de boucler sa première saison à Bordeaux ; il ne résiste pas à l'appel de sa ville natale. À 34 ans, c'est sa dernière occasion de porter ce maillot blanc qui le faisait

« IMPOSSIBLE DE NE PAS S'IDENTIFIER À CES GARS SIMPLES, ACCESSIBLES ET TELLEMENT ATTACHANTS. »

rêver, lui l'enfant de... Saint-Marcel, dans les quartiers est. Aux côtés des Barthez, Casoni, Durand, Ferreri (champions d'Europe 1993 qui ont accepté de relever le défi), Germain (revenu donner un coup de main) et autre « Nino » Ferrer, « Cellou » part en mission avec la nouvelle génération des « Minots », les Libbra, Marquet, Asuar, Jambay, et un improbable attaquant que Chelsea a libéré pour cause de blessures à répétition, Tony Cascarino, qui deviendra l'une des plus grandes gâchettes de l'histoire olympienne (plus de 60 buts en deux saisons).

Rentrer à la maison

Cette année 1995, je vais d'abord la vivre sur place. Je n'ai pas aimé l'affaire VA-OM et l'hystérie qui l'a entourée. J'ai vu autour de moi des gens pourtant respectables s'aveugler ou perdre la raison. J'ai encore du mal à parler de cette époque avec Jean-Pierre Bernès, directeur général de l'OM des années Tapie, qui avait gentiment rédigé la préface de mon mémoire universitaire au début des années 1990 (et est devenu depuis un ami). Il l'admet aujourd'hui avec beaucoup de sincérité, il n'était plus tout à fait lui-même. Que celui qui n'a jamais fauté jette la première pierre... D'abord, durant la saison 1993-1994, je n'ai pas mis un pied au stade Vélodrome, préférant aller soutenir le FC Martigues qui venait de monter en D1.

Mais quand l'OM a été relégué dans une ambiance délétère, les souvenirs de mon enfance, le dépôt de bilan de 1981 et la mort annoncée du club, les Minots de Roland Gransart qui l'ont sauvé, les matchs à l'Huveaune sur une pelouse pourrie en attendant la fin des travaux du Vél' avant l'Euro 1984, les affluences squelettiques avant le rachat par Tapie, tout m'est revenu. Il fallait rentrer à la maison. Et les quelques matchs que j'ai vécus à cette époque font partie de mes souvenirs les plus forts. OK, l'équipe était très au-dessus de ses rivales en D2. Mais combien de pensionnaires de deuxième division ont passé un tour de Coupe d'Europe ? Les présents vous le confirmeront, malgré l'élimination, les deux soirées magiques face à l'Olympiakos (3-0) et Sion (3-1) furent des communions à en pleurer d'amour pour le « ballon », comme on dit à Marseille, entre une équipe qui donnait tout et le reste, et un public fou d'amour et de reconnaissance, encore champion d'Europe dans sa tête malgré les déplacements à Perpignan ou Saint-Brieuc. Impossible de ne pas s'identifier

« Il est où le jardinier de Christophe Robert ? »

« TAPIE A EU UNE DERNIÈRE IDÉE LUMINEUSE : RAMEUTER DE VIEUX BRISCARDS POUR REMONTER ILLICO DANS L'ÉLITE. »

« Quel plaisir d'avoir Jean-François dans notre revue. Il a été coauteur du meilleur bouquin qui existe sur la rivalité OM-PSG ! »

L'AVIS DE **DANIEL**

à ces gars simples, accessibles et tellement attachants. C'est l'une des valeurs les plus fondamentales que l'arrêt Bosman aura chiffonnées, avec des joueurs de tous horizons qui passent sans trop savoir où ils mettent les pieds et sans laisser la moindre trace.

OM > Ceaușescu

C'est de Bucarest, où j'ai été envoyé pour effectuer mon service national, que je vivrai par procuration les soubresauts de cette année surréaliste : les présidents et les entraîneurs qui valsent – quatre de chaque –, le nouveau dépôt de bilan, la remontée en D1 immédiatement annulée pour raisons financières (vu de Paris) ou pour avoir définitivement la peau de l'OM (vu de Marseille), la demi-finale de Coupe de France contre le PSG, l'arrivée de Jean-Claude Gaudin, le maire de la ville, pourtant très peu fan de foot, à la tête de la société d'économie mixte qui allait sauver le club… Internet n'existait pas, le téléphone portable encore moins et dans la Roumanie post-Ceaușescu, il fallait commander une ligne de téléphone des heures à l'avance pour pouvoir parler à ses proches (tout en étant écouté). Heureusement, RFI, TV5 puis quelques bidouilles satellitaires illégales avec un technicien local fan de foot m'auront permis de ne pas rater grand-chose de la chronique olympienne.

Un an plus tard, l'OM retrouvait l'élite pour ne plus la quitter, et moi le stade Vélodrome de nouveau en plein chantier avant la Coupe du monde 1998. Jean-Bouin démoli, Ganay (ma tribune « historique ») devenait « *the place to be* » dans une ambiance un brin anarchique. Je me rappelle feu Robert-Louis Dreyfus, installé au milieu des supporters, souriant, disponible. Je l'entends encore me dire : « On va tout faire pour ramener le club où il doit être » en quittant son siège après OM-Lyon (3-1), premier match de cette nouvelle ère avec un gardien allemand (Köpke), deux défenseurs italiens (Malusci et Franceschini), un milieu bulgare (Letchkov), un attaquant irlandais (Cascarino) et des remplaçants : un Tunisien (Ben Slimane) et un Nigérian (Agali). L'arrêt Bosman faisait déjà sentir ses effets désirables et indésirables, et les associations de supporters n'allaient plus tarder à s'ériger en défenseurs de l'identité (« l'OM, c'est nous ! ») d'un foot qui ne sera plus jamais comme avant.

BOSMAN, arrêt de jeu

Jean-Marc Bosman, c'est l'histoire d'un mec qui voulait simplement jouer à Dunkerque, en deuxième division. Avant que son combat ne le dépasse complètement.

Nicolas Taiana

C'est pas faute d'avoir essayé. Rares sont les phrases aussi bateau, mais celle-ci trotte dans ma tête depuis fin janvier. J'essayais alors d'interviewer Jean-Marc Bosman. L'affaire ne semblait pas trop compliquée : l'ancien milieu de terrain s'est déjà épanché dans les grandes largeurs, pour des médias de l'Europe entière, sur le combat de sa vie, celui qui l'a rendu célèbre un peu, beaucoup, malgré lui.

Sur la dizaine de coups de fil passés, «JMB» a quasi systématiquement répondu, toujours accueilli avec courtoisie, avant de quasi systématiquement réclamer une contrepartie. Une petite somme, pas grand-chose, ne serait-ce que 1000 litres de mazout... Sauf que ce n'est pas le genre de la maison. Et que la maison n'est probablement pas plus riche que lui.

Mais comment lui jeter la pierre ? À chaque «anniversaire» de l'arrêt qui porte son nom, ces foutus journalistes sortent de nulle part pour lui demander, une fois de plus, de «remuer la merde» : cinq ans d'interminables procédures, puis trois longues décennies à ruminer un même sentiment d'abandon, qu'il a par moments noyé dans l'alcool, rongé par la dépression.

La violence des coups

Alors fin janvier, quand il décroche une dernière fois le téléphone, l'homme qui vient de souffler ses 60 bougies ne prend plus de détour. Il résume sa façon de penser : «Ça fait trente ans qu'on m'a oublié. C'est pas une interview de plus ou de moins qui va changer les choses.» Je raccroche. Et comprends. S'il semble répéter le même discours en boucle, comme on laisserait tourner un disque rayé, c'est qu'il reste le seul à ne pas avoir touché un centime de la révolution qu'il a lui-même provoquée. Jean-Marc Bosman a pris des coups d'une violence que peu seraient capables d'encaisser.

En ce qui le concerne, la déglingue ne commence pas au soir du 15 décembre 1995. Pour saisir l'origine des maux, les vrais, il faut remonter à l'été 1990, lorsque le Jean-Marc de 25 ans, remplaçant de luxe du RFC Liège,

▲
« Alors, on dit merci qui ? »

Bosman sous le maillot de son dernier club, le RCS Visé en 4e division belge (1996).

« JEAN-MARC BOSMAN TRAVAILLE BRIÈVEMENT COMME EMPLOYÉ MUNICIPAL OU VENDEUR DANS UN MAGASIN DE SPORT. »

se voit proposer une prolongation de contrat avec un salaire divisé par quatre. L'irrespect total. Le Belge refuse, croit partir libre à Dunkerque, en deuxième division, où il embarque sa femme, qui en profite pour démissionner. Mais ce qui aurait dû être l'histoire banale d'un joueur de seconde zone approche déjà de l'épilogue : le RFC Liège réclame une indemnité exorbitante, bloque son transfert et pousse les instances du foot belge à le radier de toutes les compétitions possibles. La Fédération menace même de faire perdre sur tapis vert les matchs du club qui oserait l'engager.

Bosman n'a pas commencé le combat qu'il se trouve déjà dans les cordes. Le milieu de formation n'a pas non plus droit au chômage. Il installe alors une chambre de fortune dans le garage de ses parents. Puis lance la contre-attaque. Premier coup : il signe, en faveur de l'Olympique Saint-Quentin, en Picardie, un contrat salvateur qui lui permet d'attaquer

« Le sacrifice de soi est la condition de la vertu. » Aristote (ou Bosman).

L'AVIS DE **GILBERT**

en justice le RFC Liège. Deuxième coup : ses avocats portent l'affaire devant la Cour de justice des Communautés européennes. Mais la poisse continue de guetter celui qui, dans l'attente, peine à exercer son métier. L'exil picard tourne court, au même titre que son voyage sur l'île de la Réunion, en 1993. Jean-Marc Bosman n'est plus tellement un footballeur, il est surtout devenu le visage d'une lutte hypermédiatisée qui le dépasse complètement.

Le coupable idéal

Au fur et à mesure des archives consultées, le visage prend des rides. La bataille a emporté quelques cheveux, diminué la tendresse du regard, l'innocence dans la voix. Le gentil Jean-Marc, tel que l'ont toujours décrit ses anciens coéquipiers, entre progressivement dans un « phénomène de radicalisation ». Ce sont les termes exacts de son avocat, Luc Misson. « J'étais un homme blessé qui demandait réparation, concède le principal intéressé au quotidien *Le Soir*. Je me suis promis d'aller jusqu'au bout. Pour l'exemple, par principe. » Au diable alors les huit millions de francs proposés par l'UEFA pour enterrer sa plainte. Ils paieront bien plus cher leur affront.

Au soir du 15 décembre 1995, au terme d'une journée savoureuse qui entérine la libre circulation des footballeurs, Jean-Marc Bosman peut ainsi s'endormir satisfait. Il a 31 ans, des équipes de télé à son chevet, un projet de livre dans les cartons, un film à l'écriture. Mais il apprend vite que la notoriété reste particulièrement éphémère, et que, sur le million d'euros de dédommagements reçu, il va devoir payer des impôts, ainsi que les honoraires de ses deux avocats. D'autant que la Porsche d'occasion qu'il s'offre ou la maison qu'il fait construire à Villers-l'Evêque, dans cette périphérie liégeoise qu'il habite toujours, réduisent rapidement la consistance de l'enveloppe. La FIFPRO, le syndicat des joueurs, et quelques internationaux ont beau mettre la main au portefeuille, l'homme blessé ne parvient pas à faire le deuil de ce satané procès.

Après un triste jubilé, organisé devant tout juste 1200 personnes, Jean-Marc Bosman travaille brièvement comme employé municipal ou vendeur dans un magasin de sport. Il se réfugie un temps dans la bouteille. Divorce une fois, puis deux. Et voit, en 2015, à six mois du vingtième « anniversaire » de son arrêt, son allocation mensuelle de 573 euros supprimée. Il dit aujourd'hui vivre avec 1785 euros, grâce au cumul d'une allocation familiale – il a un enfant à charge – et un revenu d'handicapé perçu à la suite de problèmes aux cervicales. Comme s'il fallait en rajouter, l'UEFA et la FIFA n'ont cessé, depuis ce jour de décembre 1995, de le pointer à tort comme le seul coupable d'une marchandisation à outrance du football qu'elles avaient la possibilité d'éviter. Au moins, il lui reste toujours l'humour. « Moi, soit je suis à la maison, soit je vais faire mes courses en bus, avec ma carte "handicapé", me disait-il fin janvier. Je circule librement, voyez-vous. » C'est pas faute d'avoir essayé.

ARRÊT BOSMAN :
quand tout a changé

En 1990, Jean-Marc Bosman, joueur belge du RFC Liège, souhaite rejoindre Dunkerque, mais son club refuse son transfert sans indemnité. Il engage une procédure judiciaire contre cette restriction. En 1995, au nom de la liberté des travailleurs européens, la Cour de justice de l'Union européenne lui donne raison : elle interdit les indemnités pour les joueurs en fin de contrat et supprime les quotas de joueurs européens dans les clubs. Cette décision bouleverse l'économie du football. Le marché des transferts est libéralisé et la mobilité des joueurs est favorisée. Conséquence : les grands clubs peuvent désormais recruter des joueurs européens sans quasiment plus aucune restriction. Rien ne sera plus jamais comme avant.

L'amour à trois
(+ Anthony Bancarel).

ALAIN
trop loin

Alain Afflelou avait moins de moustache que Claude Bez, mais il avait aussi d'autres méthodes de gestion. À Bordeaux, 1995, c'est l'apogée des années Panzani, Zidane et Courbis, sous la présidence du lunetier.

David Gluzman

Trente ans et il n'a pas pris une ride. Il valait bien une colère d'adolescent un peu honteuse devant mes parents consternés. Le maillot Asics a chamboulé les codes graphiques ancestraux en même temps que mon cœur de jeune supporter. Après avoir sacrifié le légendaire bleu marine avec la descente en deuxième division, c'est désormais le scapulaire qui passe à l'as. Col polo bleu marine, deux pressions pour fermer le col fond lie-de-vin strié de fines rayures marines, écusson épuré sur le poitrail et logo discret : un bijou. Devant le Malardeau époque Giresse (Adidas blanc col V, svp) et le Waïti JPP, le Panzani restera LA référence esthétique des tuniques bordelaises.

Qui a bien pu avoir l'audace d'initier un tel coup d'État vestimentaire ? Alain Afflelou, bien sûr ! L'homme aime mettre en œuvre et se mettre en scène. Déjà présent dans les années 1980 sur la liquette monégasque époque Glenn Hoddle, le lunetier est arrivé en Gironde en sauveur fin 1991 à la demande expresse de Chaban-Delmas, alors maire de la ville. Reléguée administrativement à la suite des errements de l'ère Bez (45 millions de francs de déficit), la belle girondine est quasi morte. De l'aveu même de Jean Fournet-Fayard, président de la FFF, Bordeaux, c'est, déjà à l'époque, la plus grande banqueroute du football français — exploit réalisé une seconde fois trente ans après. Bien aidé par les collectivités et porté par un amour sincère pour la ville (il a ouvert sa première boutique vingt ans plus tôt au Bouscat), le double A reprend le gant. Le bonhomme sait s'entourer. Camporro pour dénicher des talents, Battiston pour superviser le sportif et Lange, avocat aux capacités intellectuelles hors normes, pour chapeauter le tout. Les résultats ne se font pas attendre : remontée immédiate célébrée contre le voisin saint-seurinois. Ensuite, ce sont deux quatrièmes places, synonymes de qualification pour les compétitions européennes sous les ordres d'un coach Courbis revanchard de retour de son purgatoire à Endoume.

« BORDEAUX C'EST, DÉJÀ À L'ÉPOQUE, LA PLUS GRANDE BANQUEROUTE DU FOOTBALL FRANÇAIS. »

Liza, Duga, Zizou

La photo de début de saison, prise devant une pinède, a une allure folle. Arborant chacun un complet fluo façon Jorge Campos et un redoutable mulet façon Jean-Pierre François (« Je te survivrai »), le duo de gardiens porte haut les années 1990. Gaëtan Huard est détenteur du record d'invincibilité depuis 1992-1993. Lionel Perez n'a pas encore le col relevé façon Canto (celui-là même qui lui plantera son célèbre lob l'année suivante quand le portier girondin sera transféré à Sunderland).

L'effectif obéit parfaitement à la règle des trois tiers. Un tiers de joueurs formés au club : Fischer, Histilloles, Toyes. Un tiers de joueurs rompus à la division : les ex-Auxerrois Prunier et Dutuel, Laurent Fournier et son regard noir et le *goleador* toulousain Bancarel. Le dernier tiers ? Les trésors pour la vitrine. Ils assureront la pérennité du club et régaleront l'assistance : le Basque bondissant, Bixente Lizarazu, est déjà un international confirmé. Il sort d'une saison exceptionnelle à neuf buts. Pas mal pour un latéral de formation. Christophe Dugarry, tout en élégance et nonchalance, a étrenné sa première cape internationale en fin de saison précédente. Puis Zinédine Zidane, l'élu. Arrivé en 1992 de l'AS Cannes, c'est déjà le leader offensif incontesté de cette équipe. Il démarre sa carrière en bleu dans son jardin du parc Lescure par un doublé salvateur contre les Tchèques au mois d'août 1994 : un coup de tête surpuissant au premier poteau et une ogive de 30 mètres après une série d'arabesques. Saupoudrez le tout d'une pincée de Witschge, l'esthète batave biberonné au cruyffisme, et de Valdeir, la flèche internationale brésilienne enfin guérie de sa saudade passagère, et vous obtenez une mixture alléchante.

Autre époque, mêmes maux

Cela dit, malgré ce tableau avantageux, cette saison post-Coupe du monde américaine marque un tournant dans la trajectoire de la présidence Afflelou. Elle exhibe l'un des maux qui rongera encore le club trente ans après : l'instabilité managériale, avec le remplacement de Courbis par Toni. *Exit* la gouaille, le charme, le « *man management* » du Marseillais et place au CV XXL et à l'austérité du Lusitanien débarqué du Benfica. La greffe ne prendra pas. Le sosie d'Artur Jorge sera démis de ses fonctions à huit journées de la fin.

Côté tribunes, autre époque, mêmes maux. Vingt-neuf ans avant le coup de folie de Marc B. qui bousculera Lucas Buades lors du fameux match de barrage contre Rodez en 2023, Olivier Eckert inscrit pour la première fois son nom à la rubrique « faits divers ». Il agresse Guillaume Warmuz, le gardien du RC Lens, en pleine rencontre. Prison ferme pour l'intrus, cofondateur des Ultramarines, qui connaîtra une fin tragique en 2010 sur une plage du Pays basque espagnol. Incapables d'enchaîner plus de deux victoires consécutives, les Marine et Blanc finiront à une piteuse 7e place, à 10 points du podium et 22 de la symphonie nantaise de la bande à Suaudeau.

En coulisses ? Avec des résultats en berne, l'euphorie de la remontée et des saisons qui rigolent a laissé place à l'amertume. Du *self-made man* belle gueule, séducteur (Alain partira tout de même avec une des multiples Madame Delon), sauveteur et visionnaire, Afflelou devient un patron faux jeton et absent. Les contre-performances s'accumulant, ce qui était vu comme une aptitude à déléguer passe désormais pour de l'absentéisme, voire du je-m'en-foutisme. Il faut dire que le football français est encore très marqué par le mythe du président paternaliste. En 1995, un président, ça distribue des triples primes après un cri de guerre, ça porte des trenchs beiges de commissaire divisionnaire, des cravates fantaisie et ça passe les rencontres la clope aux lèvres sur le banc de touche.

Foire du trône

Lâché par le microcosme bordelais qui ne reconnaît que les siens, en froid avec le stratège Lange, Afflelou finit par quitter le navire douze mois après une finale de C3 aussi émouvante que trompeuse et au terme d'une saison 1995-1996 terminée à une innommable 16e place. Qualifié de « gangrène » par un Lizarazu hors de lui dans une interview à *Sud Ouest*, l'homme de base du renouveau girondin cédera finalement sa place dans un relatif anonymat. Trois ans plus tard, Bordeaux retrouvera le trône hexagonal après un *mano a mano* légendaire avec le rival marseillais. Le trésor de guerre laissé par le président à lunettes (merci le parcours européen et la vente bosmanienne des talents qui s'y sont mis en valeur) n'y est pas pour rien. Pas si fou que ça, Afflelou.

« Alain Afflelou est ensuite devenu président de Créteil... Qui se souvient de Créteil ? »

LE TACLE DE **GILBERT**

« J'ai combien de doigts là ? »

R9 Joueur ICONIQUE

1995, c'est l'émergence d'un phénomène qui n'aura jamais d'équivalent dans le football. Ronaldo Nazário n'est encore qu'à Eindhoven, mais une révolution est en marche.

Walid Archerchour

Je suis né en 1993. Alors, moi, c'est vrai, je ne découvre R9 qu'à l'Inter Milan quand il se blesse. Ensuite, je me le mange véritablement en 2002, lors de la Coupe du monde et cette finale contre l'Allemagne. Là, je deviens conscient de ce que représente R9. Je me rappelle, quand j'étais petit, avant la Coupe du monde 2002, j'avais des albums Panini. Tout le monde voulait R9. En colonie de vacances, tout le monde voulait se faire la même coupe de cheveux que lui ! Tout le monde en parlait ! Et après cette Coupe du monde 2002… C'était dingue. En fait, je tombe complètement amoureux de ce joueur. Et à partir de là, pffff, je me refais la carrière dans l'autre sens parce que après, ce ne sera jamais aussi fort, et avec la maturité, forcément, tu mesures plus le talent. Je me refais alors le Barça et le PSV Eindhoven.

Le PSV Eindhoven ? Nike, Philips, rouge numéro 9. Il a 18 ans avec ce maillot, mais c'est déjà iconique. T'as l'impression de voir un mec qui vole, en fait. C'est le papa de tous les numéros 9 qu'on a pu voir après. Benzema en a parlé. Explosivité, vitesse, technique, sens du but, relâchement : il avait tout. Il était capable de se retourner. Quand tu vois au PSV Eindhoven l'aisance qu'il a et les différences qu'il fait avec des pères de famille alors qu'il n'a que 18 ans ! C'était il y a presque trente ans, c'est assez fou.

Ronaldo, c'est le meilleur numéro 9 de l'histoire à mon avis. Un précurseur, un *game changer*. Parce qu'il a vraiment changé le jeu. C'est une claque permanente quand tu te repasses ses matchs aujourd'hui. Encore plus, trente ans après. Sincèrement, je ne lui vois aucun héritier. Il y a des similitudes physiques et athlétiques avec Mbappé, c'est vrai, mais je ne vois pas de numéro 9 comme lui aujourd'hui capable d'allier vitesse folle et technique aussi soyeuse plein axe.

David GINOLA

Symbole des années 1990, meilleur joueur français des années pré-Zidane, David Ginola inaugure le changement de statut du footballeur. Gravure de mode, joueur flamboyant balle au pied et idole des supporters, « El Magnifico » était un footballeur qu'on adorait. Ou qu'on adorait détester. Son année 1995 commencera avec le maillot du PSG et se finira, à la surprise générale, avec celui de Newcastle.

Propos recueillis par Daniel Riolo

« NE PAS AVOIR ÉTÉ CHAMPION DU MONDE EN 1998, C'EST DUR. »

En 1995, avec l'arrêt Bosman, on ne le sait pas encore, mais une nouvelle ère va commencer. Tu as vécu ça de l'intérieur. C'est quoi ton souvenir de 1995?

J'avais rencontré Cruyff secrètement en marge d'un tournoi de golf organisé à Tarragone par sa fondation en juin 1995. Il me dit : « Tu es ma priorité pour l'année prochaine mais je dois d'abord faire partir Stoitchkov et Hagi. » Il n'a pas pu transférer ces joueurs, et je n'ai jamais signé au Barça. Le temps efface les regrets, mais jouer au Barça avec celui qui avait été mon idole, j'aurais adoré ça ! Je pense que c'était un football pour moi. Peut-être que ça aurait également changé le regard des gens sur moi. Pour le public français, il y a une différence entre aller à Newcastle et à Barcelone.

D'autant que la Premier League en 1995, ce n'est pas la Premier League de 2025...

Les Anglais sortaient juste de la période noire qui avait suivi le drame du Heysel dix ans plus tôt, puis la tragédie d'Hillsborough. La Premier League est créée en 1992. Elle va révolutionner le foot anglais. En 1995, on était au début de cette nouvelle histoire. Une fois en Angleterre, l'année suivante, sir Bobby Robson, qui avait remplacé Cruyff à Barcelone, me fait à nouveau une énorme proposition. Mais Keegan [entraîneur de Newcastle] refuse. Je suis sûr que ça aurait changé beaucoup de choses dans l'esprit des gens. Parce que derrière, il y avait le championnat d'Europe en Angleterre en 1996 et la Coupe du monde en France en 1998. Des bonnes performances à Newcastle ou à Barcelone, ça n'a pas le même impact.

En 1995, le PSG est numéro 1 au classement UEFA. Il vient d'éliminer les clubs espagnols trois années de suite. Pourtant, tu es quand même motivé à l'idée de quitter la France. À cette époque déjà pour le football français, le salut est à l'étranger?

Honnêtement, ça a été dur de partir. J'avais une excellente relation avec Michel Denisot. J'aimais ma vie à Paris. Avec le PSG, on a fait des beaux parcours en Coupe d'Europe. On a marqué une époque. J'ai terminé mon aventure sur la Ligue des champions de 1995. La fameuse série des six victoires en phase de poules, le succès face au Barça, la demie contre Milan, je n'ai rien oublié. C'était fantastique. À la fin, c'est vrai, ça ne se passait pas très bien avec Luis Fernandez... La proposition de Cruyff, même si ça ne s'est pas fait, ça a été comme le déclic que je devais partir.

Même quand on construit un truc formidable, comme le PSG de ton époque, les clubs comme le Real ou le Barça, ça fait quand même rêver?

Les très bons joueurs sont toujours partis. À l'époque de Platini, quand lui-même part à la Juve, il n'y avait encore que les meilleurs joueurs qui s'expatriaient. Avec Bosman, tout a changé.

Et à mon sens, le niveau s'est abaissé. Ça a surtout fait du bien aux joueurs moyens. Un plus grand nombre de joueurs ont bénéficié de plus de perspectives.

On a envie de te classer dans la catégorie des joueurs romantiques. Est-ce que tu te sens nostalgique quand tu regardes le passé et tes années de joueur?

Non, et j'ai beaucoup de mal, car, souvent, la question qui vient après, c'est : c'était mieux avant ou pas? Savoir si c'était mieux avant,

je m'en fiche. Chaque génération est différente. Cela dit, on peut objectivement faire certains constats sur les performances selon les époques. La première chose que je note, c'est l'approche. Je veux dire par là que j'ai la sensation que la motivation initiale du jeune joueur n'est pas la même. Quand je signe mon premier contrat pro à Toulon, j'ai 19 ans et je réalise mon rêve de gosse. Mon contrat signé, je suis sorti appeler mon père et il m'a demandé combien j'allais gagner. J'ai dû retourner dans le bureau pour demander! Le romantisme, il est là : l'argent n'était pas la condition *sine qua non* pour être footballeur. La phrase en elle-même, «Je joue au football», elle est déjà vachement romantique. Si je suis nostalgique d'une chose, c'est des relations qu'on pouvait entretenir avec le club, les gens, les supporters. On avait peut-être un peu plus de respect pour nos clubs. À la fin du match, ma préoccupation, c'était : «Est-ce que l'entraîneur est content? Les coéquipiers? Les supporters? Le président? Le staff?» Je voulais cocher toutes les cases. C'est le contexte, notre société, qui a rendu les joueurs plus individualistes.

« JE SUIS QUOI PAR RAPPORT À LA FRANCE ENTIÈRE QUI A PLEURÉ DE JOIE, QUI A VIBRÉ, QUI S'EST EMBRASSÉE EN 1998 AVEC LA VICTOIRE AU MONDIAL ? »

J'ajoute que la précocité des talents est incroyable. À notre époque, on était mature vers 25 ans. Aujourd'hui, des joueurs comme Mbappé ou Zaïre-Emery ont très tôt une facilité à assumer de lourdes responsabilités. Moi, à 17 ans, j'en aurais été incapable. À l'inverse, ils peuvent aussi parfois s'user plus vite...

Tu n'aimes pas comparer, mais j'ai quand même envie de te pousser. Quand je vois certains attaquants du PSG, je ne peux pas m'empêcher, c'est normal...

Quand j'ai commencé à jouer en pro à Toulon, Gaby Robert, le directeur du centre de formation, s'asseyait sur le bord de terrain avec un cahier. Le lundi matin, rendez-vous dans son bureau, il me disait : «Tu es content de ton match? Tiens, voilà tes stats.» Nombre de passes, de centres, de frappes au but : il décortiquait tout sur son cahier. J'avais toujours l'impression d'avoir fait beaucoup plus que les chiffres. Mais, finalement, d'avoir ça sous les yeux, noir sur blanc, ça m'a aidé à progresser. Ce que tu penses, ce n'est pas toujours la réalité du terrain.

Tu penses à d'autres éléments qui sont radicalement différents?

Plein! Regarde les terrains aujourd'hui. Tu as vu la qualité de la pelouse du Parc des Princes? C'est impeccable. Plus de mauvais rebond. On dirait un tapis. Nous, en hiver, on avait des pelouses moyennes. Et puis, il y a aussi les staffs techniques, médicaux, la diététique... On ne laisse plus de place à l'erreur ou au hasard. J'ai vu le documentaire sur Luis Enrique [*Vous ne pouvez pas comprendre* sur Canal+], les entraîneurs sont tous devant des écrans. Les entraîneurs, à notre époque, ils n'étaient pas devant leur ordinateur... il n'y en avait même pas! (*rires*)

Toujours dans l'idée de la comparaison des époques, quand Zlatan au PSG lâche : «Avant moi, il n'y avait rien au PSG», t'en as pensé quoi?

Cette année-là, il est élu «joueur de l'année» et je dois lui remettre le prix. On ne s'était même pas encore salués qu'il me dit : «David, c'est pas ce que je voulais dire... J'ai beaucoup de respect pour toi, et pour ceux de ta génération.» Incident clos. Mais si tu es Zlatan et que tu parles comme ça à la jeunesse, tu n'envoies pas le bon message. Un club de football, c'est une histoire. C'est parce que des présidents, des hommes, des joueurs ont construit ce club que tu peux faire venir un jour des Zlatan, des Neymar, des Mbappé. Dans les livres, il est inscrit que le Paris Saint-Germain a été numéro 1 au classement de l'UEFA en 1995-1996. Le premier match de Coupe d'Europe de notre équipe à l'époque, on l'a joué à Naples sur les terres de Maradona. On a initié une nouvelle aventure. On a écrit notre histoire en prenant la suite des Sušić, Dahleb, Rocheteau...

Tu n'as pas cité Luis Fernandez ? J'espère que vous n'êtes plus fâchés, ça ferait de la peine à mes souvenirs parisiens… (rires)

Oui, Luis Fernandez, bien sûr ! Francis Borelli aussi. Sache que je ne suis fâché avec personne. Je n'ai absolument aucun problème avec qui que ce soit. L'âge aide à s'asseoir et à discuter entre hommes. Le temps permet à chacun de nous d'analyser le passé et de voir que tout peut être nuancé.

En 1988, au festival Espoirs de Toulon, tu gagnes un prix. Il y en a un qui m'a fait beaucoup marrer. Tu es élu « joueur le plus élégant du tournoi » (rires) !

En 1987, j'avais été élu « meilleur joueur du tournoi ». Je m'étais régalé. En 1988, l'organisateur me dit : « David, c'est toi le meilleur joueur du tournoi, mais on ne peut pas le donner deux fois de suite au même joueur. » Alors ils ont trouvé ce titre de « joueur le plus élégant » ! C'est vrai que je faisais des choses hors football qui sortaient de l'ordinaire pour l'époque : j'ai fait la couverture d'un magazine, j'ai posé à poil pour Mario Testino, le photographe qui photographiait aussi la princesse de Galles. Ça choquait, oui. À l'époque, on devait rester dans les clous.

Je t'ai souvent entendu dire que l'un des plus grands défauts en France, c'est la jalousie. Comment vivais-tu le regard des jaloux à ton égard ?

À partir du moment où tu réussis, la médisance est là ! J'ai choisi de m'associer à des marques et des produits. Je le vivais bien. Mais dans le milieu du foot, c'était assez mal vu. On disait : « David, il pense plus à ce qu'il fait en dehors du foot qu'au foot. » Ma meilleure réponse, c'est d'avoir été élu meilleur joueur en Angleterre en 1999 à 32 ans. Si vraiment je m'étais perdu à côté des terrains, je n'aurais pas eu la volonté et la forme physique pour être à ce niveau à cet âge-là ! Si ton quotidien n'est pas foot, si ton hygiène de vie n'est pas bonne, tu ne peux pas durer. Oui, je pouvais faire des choses pour L'Oréal, mais dans mes contrats, je mettais toujours par écrit que la priorité, c'était le football. Si j'étais fatigué, si ça prenait du temps sur la récupération, l'entraînement, le match, c'était non. Mais si les résultats étaient là, je faisais ce que je voulais.

C'est quoi le Top 3 des choses dont les gens te parlent quand ils te reconnaissent ?

Ça a changé au fil des années. Aujourd'hui, c'est : « J'aime beaucoup ce que vous faites » ou « J'aime beaucoup ce que vous dites. On sent que vous avez de l'empathie pour les gens. » Ma passion, c'est le football. J'en ai fait mon métier. Et je l'ai fait de manière propre. Je ne suis pas là pour critiquer. Quand j'ai quelque chose à dire, je le dis. Je ne suis pas langue de bois. Mais j'ai trop de respect pour les supporters. Quand tu gardes à l'esprit le bonheur qu'a représenté pour les Marseillais la victoire en Coupe d'Europe en 1993, je ne cherche pas plus loin. Je n'ai pas envie. J'habite dans le Sud, et quand quelqu'un m'en parle, je vois le bonheur sur son visage. Aujourd'hui, je vois les choses d'une autre manière. Pareil, l'équipe de France qui remporte la Coupe du monde en 1998, ça a été une source d'inspiration pour beaucoup de gens. Mes sentiments ou ressentiments n'ont plus leur place dans le débat sur ces sujets.

C'est curieux que tu parles de ces deux événements. Ces moments qui auraient pu être des blessures pour toi, tu les as rangés dans le tiroir ?

J'ai des blessures comme tout le monde. Ne pas avoir été champion du monde en 1998, c'est dur. Quand j'en croise quelques-uns, ils me disent parfois : « David, t'aurais dû être là. »

Il y en a aussi qui ont fait en sorte que tu ne sois pas là. Peut-être qu'aujourd'hui tu n'en veux plus à certaines personnes, mais à l'époque…

En fait, j'en veux davantage aux personnes qui écoutent qu'à celles qui parlent. Quand tu écoutes un propos, un commentaire sur une personne, tu dois être capable de faire la part des choses. J'aime bien ce que dit Joan Laporta, le président du Barça : «Je forme des hommes avant de former des footballeurs.» Ils seront ensuite capables de comprendre ce qui leur arrive et ce qu'on leur demande. Ce qui est important aujourd'hui, c'est de ne pas oublier que même si tu es footballeur, tu es avant tout un être humain. Bien se comporter, être juste, être une bonne personne, à l'arrivée, c'est ce qu'il reste de toi. On va se souvenir de ce que tu as fait dans le foot, mais ce qui est très important, c'est ce que tu as véhiculé comme idée. Aujourd'hui, de ne pas avoir été champion du monde en 1998 n'enlève rien au fait que les gens que je croise aiment la personne que je suis parce qu'ils ont l'impression de croiser quelqu'un de juste.

Donc, quand tu croises Deschamps, t'as aucun problème...

(*Silence.*) Trente ans après, tu veux que je dise quoi? Je ne suis pas habité par la rancune. Le temps passe et efface. J'ai réalisé mon rêve de devenir footballeur pendant dix-sept ans. J'ai vécu des moments formidables. Bien sûr, j'aurais pu en vivre d'autres, meilleurs encore. Ça va changer quoi d'aller me plaindre aujourd'hui? Ça va me faire vivre avec de la rancœur. Sur le coup, tu es meurtri, évidemment. Mais après, ça passe. Si tu vis avec le sentiment que les choses auraient pu être autrement, tu ne fais plus rien. J'ai fait le deuil de tout ça. Et puis, ça ne concerne que moi. Je suis quoi par rapport à la France entière qui a pleuré de joie, qui a vibré, qui s'est embrassée en 1998 avec la victoire au Mondial? Le football a rassemblé les gens. Bravo Aimé Jacquet. Quand tu gagnes, ça te donne raison. C'est comme ça dans notre sport.

Quel est le joueur le plus fort avec qui tu as joué?

(*Il réfléchit.*) George [Weah]. On formait un beau duo. On était complémentaires et on jouait le même foot. On avait une compréhension du jeu identique et on avait un grand respect mutuel.

Le plus fort contre qui tu as joué? Le match contre Maldini, dans le PSG-Milan de 1995, est incroyable. Ou contre Lee Dixon avec Arsenal en 1994! T'en as eu des costauds face à toi...

Torricelli avec la Juve aussi... Plutôt que des joueurs, je parlerais d'équipe. L'équipe du Milan contre laquelle on perd en demi-finale de la Ligue des champions en 1995 : Savićević, Baresi, Costacurta, Maldini, Tassotti, Boban... c'était très, très fort. Le Marseille de Mozer, Boli, Di Meco, Sauzée, Deschamps, Abedi Pelé, Waddle, ça aussi, c'était fort, très fort.

En dehors de Cruyff, quels sont les joueurs que tu as admirés?

Platoche, j'avais son livre sur ma table de chevet. *Le Football en fête*, préfacé par Aldo, son père. Mon père m'a offert ce livre à 13 ou 14 ans. J'ai grandi avec ça et le 14 sur le maillot orange de Cruyff. Platini, Diego Maradona. Incroyables, des références pour moi. Et après, tout le football allemand qui nous élimine en 1982. Une sorte de fascination et de détestation en même temps. T'étais pas fan de cette équipe, mais tu étais respectueux de cette force de caractère, de cette volonté.

Et le coach avec lequel tu as pris le plus de plaisir à travailler?

Pour les relations humaines, je dirai Artur Jorge et Kevin Keegan. Aujourd'hui, un manager est entouré d'un gros staff technique. Ce n'est pas lui qui se lève le matin pour mettre les plots. Ce qui compte surtout, c'est l'aspect psychologique. C'est là où Arsène Wenger et sir Alex Ferguson ont été très forts pendant une vingtaine d'années. Ils se mettaient les joueurs dans la poche. C'était donnant-donnant. Quand tu as quelqu'un qui te respecte en tant qu'individu, tu as le devoir de lui rendre la pareille sur le terrain.

JÉROME ROTHEN & LA DREAM TEAM*
ROTHEN
S'ENFLAMME
DU LUNDI AU VENDREDI
18H-20H
RMC
INFO TALK SPORT
*L'□quipe de r□ve
@ Yann Audic/ Abaca Press/ Icon Sport

“WHEN SEAGULLS FOLLOW THE TRAWLER, IT IS BECAUSE

THEY THINK SARDINES WILL BE THROWN INTO THE SEA.”

**« Quand les mouettes suivent un chalutier,
c’est parce qu’elles pensent qu’on va leur jeter des sardines. »**

Éric Cantona, 31 mars 1995

France
1995

NANTES 1995, au cœur du miracle

Une équipe composée de gamins formés au club joue un football de feu et remporte le championnat avec un record d'invincibilité de 32 matchs à la clé, toujours en vigueur. Au cœur du miracle, un idéologue au caractère colérique et ombrageux : Jean-Claude Suaudeau.

Patrick Pereira et Thibaud Leplat

UNE FOI : LE COLLECTIF

Homme d'un seul club et génie d'une seule idée, « Coco » Suaudeau, est l'héritier d'une tradition du football qui a remis le jeu collectif au centre. Formé par José Arribas dans les années 1960, émigré espagnol inventeur du jeu à la nantaise, il est l'homme d'un schéma : le 4-4-2.

« J'ai été influencé par l'Ajax de Rinus Michels et Johan Cruyff, par le Brésil de Zico, en 1982, et un peu plus tard par le Milan AC. Mais entraîneur, c'est avant tout un métier de rencontre. Et ma première, ce fut José [Arribas], ce qui est une chance. [...] J'ai eu le bonheur de travailler sous ses ordres, puis de le côtoyer en tant qu'entraîneur, lui en pro, moi chez les jeunes. José, c'était la répétition des gammes. Les passes, le jeu sans ballon et la notion de collectif nous caractérisaient déjà à cette époque. »

UN LANGAGE : LA PASSE

Les deux fondamentaux de ce football analogique : la passe et le mouvement.

« Au lieu de faire dix passes, on en faisait trois. Mais pas n'importe lesquelles. »

« Techniquement, les joueurs [de 1995] étaient inférieurs à plein d'autres que j'avais pu avoir. Mais, étant issus majoritairement du centre, ils étaient imprégnés de nos principes, savaient parfaitement interpréter les signaux. Ils maîtrisaient bien, ensemble, l'espace qui était devant eux, avec une grande aptitude à se projeter. J'ai donc adapté mon programme en fonction de ces caractéristiques. Et là, dans le jeu sans ballon, ils ont répondu d'une manière fantastique. En face, nos adversaires devenaient fous. [...] Le foot est un jeu de passe. On l'entend beaucoup dire aujourd'hui avec le Barça. À Nantes, nous étions déjà là-dedans, il y a trente ans. »

UN BUT : « ELLE N'A PAS TOUCHÉ LE SOL ! ELLE N'A PAS TOUCHÉ LE SOL ! » 19 août 1994

Le FC Nantes, 2e au classement, reçoit le PSG, champion en titre, lors de la 5e journée.

18e minute. Touche côté droit. Benoît Cauet aperçoit un espace dans le dos du latéral gauche parisien et sert Patrice Loko. Dos au jeu, Loko sent l'appel de son compère Reynald Pedros et lui remet la balle, à l'aveugle, en une touche. Pedros, d'une sorte de demi-volée acrobatique, envoie un ballon parfait dans la course de Loko, qui avait déjà décroisé son appel. D'une demi-volée du pied, il crucifie Bernard Lama, impassible. Ce but, qui offre la victoire 1-0 aux Canaris face au PSG, est le parfait résumé du jeu à la nantaise. Peu de passes, mais de belles passes. Du mouvement, de l'intelligence, de la prise de décision, de la joie. Et Thierry Gilardi dans les oreilles.

LES PRINCIPES DU JEU À LA NANTAISE

- « L'attaque s'arrête quand on a récupéré le ballon.
- La qualité de la passe est souvent définie par celui qui n'a pas le ballon.
- La grande maladie d'une équipe, c'est la statique. C'est la qualité de l'appel qui déclenche la passe.
- Le pressing est l'action la plus collective qui soit.
- La première qualité d'un joueur est d'aimer courir. En football, le mouvement est une fin en soi.
- La force et l'état d'esprit d'une équipe se manifestent dans sa manière de récupérer le ballon.
- Toujours entraîner son contrôle dans le sens contraire de la passe. Le football est un jeu de contre-pied.
- La première touche à la récupération doit se faire vers l'avant et si possible sans contrôle.
- Le jeu, c'est le plaisir de se comprendre. Il est vain de faire pratiquer à des footballeurs un style de jeu auquel ils n'adhèrent pas avec enthousiasme.
- Le vrai éducateur est un chercheur. »

(Verbatim de Jean-Claude Suaudeau extraits du magazine *Vestiaires*, repris *in* T. Leplat, *Football à la française*, Solar, 2016.)

«

INTERVIEW

C'ÉTAIT MIEUX le foot en 1995 ?

Ils ont fait carrière en tant que joueur et/ou entraîneur dans les années 1990 et exercent encore aujourd'hui. La question que tout le monde se pose : est-ce que, lorsqu'on compare le foot de 1995 à celui de 2025, on est forcément obligé de parler comme un vieux con ?

Propos recueillis par Timothée Maymon

Avec
Roland Courbis,
ancien coach de Bordeaux, Toulouse, Marseille, aujourd'hui consultant

Éric Roy,
actuel entraîneur de Brest et ancien joueur de Nice, Toulon, Lyon et Marseille, ancien consultant

Éric Di Meco,
ancien joueur de Marseille et Monaco, aujourd'hui consultant

Quelles évolutions vous ont le plus marqués dans le football de ces trente dernières années ?

Éric Di Meco : Le départ de tout, c'est l'arrêt Bosman ! Dans le vestiaire, à l'Euro 1996, j'entendais parler des garçons qui avaient des contacts avec des clubs anglais comme Franck Lebœuf qui était suivi par Chelsea. Petit à petit des joueurs ont commencé à valoir 10, 20 millions de francs. En 1992, Papin était parti au Milan AC pour 3 millions de francs… Du jour au lendemain, les joueurs devenaient la valeur marchande des clubs, qui leur permettaient de vivre. La relation club-joueur a été tronquée. Le gros problème, c'est le joueur moyen : le joueur qui te coûte cher et qui te met en difficulté, c'est compliqué. Un joueur qui a coûté

20 ou 30 millions, tu ne peux plus lui mettre la pression comme nous, on nous mettait la pression ! Nous, Tapie, s'il apprenait qu'un mec sortait tous les soirs, il le mettait au placard. Je l'ai vu se disputer avec Cantona et Cantona n'a plus joué. Aujourd'hui, un joueur que tu as acheté cher, si tu ne le fais pas jouer, tu perds vite 15 ou 20 millions d'euros !

Roland Courbis : Oui, l'arrêt Bosman, c'est abominable ! On n'a pas réalisé ce que l'on faisait ! Le joueur moyen est devenu star. Je te donne un exemple actuel. Tu imagines qu'à Rennes, avec vingt nouveaux joueurs en six mois, on peut créer du lien et de l'affection entre le club et un Breton chauvin qui aime son équipe ? Non, le supporter de Rennes, il veut quatre ou cinq Bretons, quatre ou cinq joueurs français qui s'inscrivent dans la durée et potentiellement quatre ou cinq étrangers. Moi, c'est comme ça que je vois le football et le désamour des gens pour le foot prouve que je ne suis pas le seul !

Éric Roy : Est-ce qu'il y a des choses que tu ne vas pas dire à un joueur ? Non ! Pas du tout. Même si je ne te cache pas que quand j'étais entraîneur de Nice, j'avais Loïc Rémy qui avait un niveau international. Je ne pouvais pas le gérer complètement comme les autres. Il était jeune, beau gosse... Sur la Côte d'Azur, il y avait des tentations inhérentes à son âge. Je l'ai pris à part pour lui remettre un cadre, pour le protéger, lui. Si tu le sanctionnes parce qu'il déborde du cadre de travail que tu as mis en place, tu te tires aussi une balle dans le pied. Sportivement,

« L'ARRÊT BOSMAN, C'EST ABOMINABLE ! ON N'A PAS RÉALISÉ CE QUE L'ON FAISAIT ! »

Roland Courbis

tu y perds, financièrement le club aussi. Et le joueur se forge une mauvaise réputation. C'est là où le coach doit pouvoir se reposer sur l'institution-club. Aujourd'hui, à Brest, si un joueur arrive en retard, je ne vais pas le sanctionner sportivement surtout si je considère qu'il peut me faire gagner le match. En revanche, j'ai mis en place un cadre en interne avec les joueurs. S'ils sont en retard, ils payent une amende. Les cadres du groupe vont s'en occuper. Si c'est plus grave, le directeur sportif ou le président peuvent prendre le relais.

Est-ce que le football a changé en bien depuis trente ans ?

Éric Di Meco : Je n'aime pas répondre à ce genre de question parce que ça fait vieux con, mais est-ce que j'aurais aimé faire ma carrière dans le football d'aujourd'hui ? Non ! Moi, je pense au petit Samir Nasri qui a fait le centre de formation de l'OM comme moi et qui a le club chevillé au corps. On lui a dit : « Tu vaux 30 millions donc tu vas nous sauver la vie et on va te transférer à Arsenal. » Je n'aurais pas voulu être confronté à ça. La première perversion, c'est le joueur qui devient le fonds de commerce du club. Il ne peut plus y avoir d'esprit club. Ça s'est perdu. J'ai gagné moins d'argent, mais j'ai joué toute ma carrière dans mon club de cœur, j'ai été international, j'ai joué avec des potes.

Roland Courbis : Il y a eu des progrès sur certains points, notamment sur le règlement avec l'abolition de la passe en retrait au gardien qui évite des situations insolubles. Mais l'autre jour, quand j'ai vu la photo du staff de De Zerbi à l'OM, j'ai éclaté de rire. Il a deux boulots De Zerbi : entraîneur de l'équipe et entraîneur de son staff ! Évidemment que les choses ont changé et pas forcément pour le meilleur. Je suis peut-être vieux jeu, mais je préférais le football d'avant avec un vestiaire restreint. Il faudrait poser cette question aux supporters : « Est-ce que vous arrivez à vous identifier à votre équipe ? » Parfois, il y a des effectifs avec même pas deux joueurs français.

Moi, je me souviens qu'à Toulon on faisait passer en priorité des joueurs méridionaux. Pas par chauvinisme, mais parce que nous pensions qu'il était plus facile pour un Sudiste de s'adapter à un club du Sud, à son environnement et d'en défendre les valeurs. C'est ma vision des choses, je ne sais pas si c'est la bonne, mais en tout cas, c'est la mienne !

Éric Roy : Les infrastructures, c'est une évolution majeure ! Les stades se sont améliorés, les centres d'entraînements se sont améliorés. Quand on voit les pelouses sur lesquelles on joue aujourd'hui, forcément, ça élève le niveau technique du jeu. Mes joueurs me font rire quand on va jouer en Coupe de France contre des équipes amateurs. Je leur dis que moi, c'était mon quotidien. Donc, avec les surfaces de jeu que l'on a aujourd'hui, on a forcément un meilleur spectacle. L'exposition du football a aussi progressé, la façon dont il est filmé. Canal+ a été précurseur sur ce point grâce à Charles Biétry. Ça aussi, c'est une révolution positive. Filmer avec plusieurs caméras, raconter le sport... Tout a progressé dans le sens de la performance, de la vitesse, de la compétitivité, du travail athlétique. Mais dire quel football est le plus spectaculaire entre celui de 1995 et celui de 2025, je ne sais pas.

Les structures des clubs ont également évolué. Selon vous, face à l'omniprésence des joueurs, les entraîneurs et les présidents délégués ont-ils perdu de leur pouvoir ?

Éric Di Meco : Avant, tu avais les présidents payeurs, des mecs que tu voyais tous les jours et qui te signaient ton chèque à la fin du mois. Aujourd'hui, tu as des propriétaires qui sont loin, des fonds de pension, des États, des Américains que tu ne connais pas. Le président délégué qui est là, il est salarié, comme le joueur. Donc il n'y a plus aucune emprise de la direction. Les joueurs ont pris le pouvoir ! Mais pas qu'eux. Dans les cancers du foot d'aujourd'hui, il y a tous ces managers, ces agents, ces intermédiaires qui sont là pour l'appât du gain.

« S'ILS GAGNENT PLUS D'ARGENT, JE PENSE QU'ILS BANDENT MOINS QUE CE QUE NOUS ON A BANDÉ ! »

Éric Di Meco

Roland Courbis : Moi, je crois que ça dépend des entraîneurs, il y a encore des entraîneurs qui ont du caractère, de la poigne, du charisme et qui sont capables de se faire respecter. Il y aussi une différence entre entraîner Lyon, l'OM, le PSG et les autres. Ça ne veut pas dire que les entraîneurs ne sont pas bons, mais ce sont des jobs différents.

Éric Roy : La dépendance des clubs au marché des transferts a, de fait, donné plus de pouvoir aux joueurs, c'est indéniable. Mais le joueur a pris le pouvoir qu'on a bien voulu lui donner. Dans un club, il faut que les choses soient établies clairement, qu'il y ait un organigramme, une hiérarchie. Moi, à Brest, mon supérieur, c'est Grégory Lorenzi. C'est mon directeur sportif. Il est lui-même le subordonné du président. J'ai connu des présidents délégués qui étaient mes référents. Je ne pense pas qu'à l'OM Longoria ait des soucis d'autorité sur son groupe. Personne ne va aller se plaindre à McCourt. De la même façon, Longoria a donné sa confiance et transmis son autorité à Benatia. Au moins, c'est très clair. Au PSG, on a bien vu que ça a pu être différent avec certains joueurs qui faisaient fi de leur coach et de leur directeur sportif pour parler directement à Nasser. Il faut que les choses soient bien définies. Si le joueur va voir son directeur sportif, qui lui dit une chose, puis son président, qui lui dit une autre chose, c'est là que tu lui donnes trop de pouvoir. C'est comme les enfants de parents divorcés…

Depuis 1995, vous avez connu de belles carrières dans les médias, est-ce que l'approche médiatique très intense d'aujourd'hui rend service au football ?

Éric Di Meco : Tu prends RMC et *L'After*, ça a permis de mettre en avant encore un peu plus le football. L'économie du foot en a bénéficié. Je l'ai dit à certains joueurs : « Il y a plein de

« LE JOUEUR A PRIS LE POUVOIR QU'ON A BIEN VOULU LUI DONNER. »

Éric Roy

volleyeurs et de handballeurs qui aimeraient bien être critiqués et avoir ton salaire.» C'est un peu la rançon de la gloire. Tu ne peux pas profiter du système sans en assumer les inconvénients. Mais sauf cas particulier comme Mbappé, tu peux encore avoir une vie normale en étant un joueur de foot. Une des erreurs qui ont été faites, ce sont ces conférences de presse où le joueur est à 20 mètres dans un auditorium ou sur une estrade : c'est une image catastrophique du joueur hors sol, déconnecté. On devrait s'inspirer plus de ce qui se fait en NBA où, certes, il y a beaucoup d'argent, mais où les joueurs savent qu'ils ont des obligations médiatiques. Les clubs de foot européens se sont refermés sur eux-mêmes et n'ont pas donné assez aux médias qui les font manger. Le gros point noir, ce sont les réseaux sociaux. Les joueurs ne peuvent plus vivre normalement comme nous on le faisait. Quand tu es obligé de confisquer les portables quand tu fais une soirée chez toi ou de privatiser des coins dans des boîtes de nuit, ça renforce encore la légende du joueur hors sol. Sur ce point, je ne les envie pas. S'ils gagnent plus d'argent, je pense qu'ils bandent moins que ce que nous on a bandé !

Éric Roy : On voit beaucoup plus de foot à la télé ! C'est une constante. Certains diront qu'on en voit trop et que, du coup, il y a du désintérêt. Moi, il y a un peu plus de trente ans, dans ma jeunesse, on attendait *Stade 2* pour voir les buts français et deux ou trois buts étrangers qui se battaient en duel. C'était le truc qu'on attendait toute la semaine. Plus d'émissions, plus de droits TV, ça veut dire plus d'argent aussi. Est-ce que le foot en a profité en termes de performance ? Oui. Les clubs ont beaucoup évolué et sont beaucoup plus staffés. Moi, j'ai connu la finale de la Coupe de l'UEFA avec Marseille en 1999. Il y avait le coach, un adjoint qui se chargeait aussi de la prépa physique et un entraîneur des gardiens. C'est tout. À l'époque, on ne savait pas ce qu'étaient les datas, les analyses de jeu, on faisait très peu de vidéos. Aujourd'hui au PSG, ils sont 14 ou 15 dans le staff...Ce sont des changements incroyables. L'argent a permis de professionnaliser, de mettre l'accent sur la récupération, la nutrition, plus rien n'est laissé au hasard. Il est évident que cette prise en charge des athlètes a poussé la performance vers le haut. Mais certains ont le droit de penser que c'était mieux avant parce qu'il y avait moins d'argent.

adidas
F.F.F

NAISSANCE d'un roi

Zinédine Zidane est rentré sur la pointe des pieds en équipe de France. Jusqu'au jour où, en octobre 1995 contre la Roumanie, l'évidence s'est imposée à Aimé Jacquet. Rien ne sera plus comme avant.

Thibaud Leplat

La première fois, le 17 août 1994, au parc Lescure, c'est d'abord ce numéro 14 qui nous a induits en erreur. Appelé par Aimé Jacquet à la dernière minute pour remplacer Djorkaeff blessé, le jeune milieu des Girondins n'était pas au mieux lors des quatre premières journées de championnat avec son club. Il a toujours eu du mal à démarrer, c'est vrai. Alors, comme le mauvais élève avant d'aller au tableau, il remet son maillot dans son short. D'après le synthé à l'écran, le numéro 10 de l'équipe de France, à l'époque, c'est Corentin Martins. Le meneur de l'AJ Auxerre n'a pas été étincelant face à une République tchèque qui ne fait pourtant rien d'autre que brillante figuration. C'est un amical de rentrée, les Français sont inertes et Cantona traîne dans le rond central. Menés 2-0 au bout de 45 minutes, Patrick Urbini résume l'ambiance dans *L'Équipe* du lendemain : «Qui ressort le mieux les ballons? Les Tchèques. Qui est le plus présent dans les duels? Encore les Tchèques. Qui possède la maîtrise la plus efficace? Toujours les Tchèques.».

70e minute, le nouveau a l'air un peu tendu dans son short brillant. Son premier ballon (un coup franc excentré) est raté. Il admettra le lendemain : «Si vous revoyez le match, j'ai perdu les trois-quatre premiers ballons.» Pour se rassurer, il joue une fois en profondeur vers son pote de Bordeaux, Christophe Dugarry, qui fait de son mieux pour ne pas être ridicule devant son public. Petit à petit les jambes se délient. Contrôle orienté, passe appuyée, passement de jambe (sans toucher le ballon). Le football revient comme une envie de danser. Sur le moment, on se dit qu'il a une drôle d'allure le 14, mais qu'il a du ballon, ça se voit. Thierry Roland confirme : «Enfin, ce qui est sûr, c'est qu'il est talentueux.»

Au petit trot

Quand il s'essaie à une frappe molle du gauche, Jean-Michel Larqué raille le timide : «Même vous, Thierry, vous l'arrêtez.

— Ah, c'est pas sûr, sous la barre, c'est pas sûr.»

Sur le banc, Aimé Jacquet se prépare à subir sa première défaite depuis le début de son

« PREMIÈRE SÉLECTION ICI À BORDEAUX ET DEUX BUTS, C'EST EXTRAORDINAIRE… »

service. Le traumatisme de l'élimination du Mondial 1994, le 17 novembre 1993 contre la Bulgarie, est toujours vivace. La campagne de qualification pour l'Euro anglais s'annonce compliquée. Comment envoyer un pays tout entier sur le divan? Mais à la 85e minute, une lumière. Laurent Blanc joue dans l'axe pour le 14 de l'étape. Passement de jambe, un Tchèque par terre. Double contact, deux autres dans le vent, frappe du gauche à 22 mètres face au but. Lucarne. 2-1. Sur le plan suivant, aucune réaction. Le bon élève revient au petit trot en tapant la main de Patrice Loko.

Deux minutes plus tard, corner d'Angloma. Curieusement, le novice est installé légèrement en retrait du premier poteau. Le ballon brossé arrive dans la zone. Au lieu de dévier la balle de profil, il saute sur place et profite de l'effet pour tirer sur les abdos et frapper face au but plein front. Le ballon s'envole au-dessus des gants de Kouba. Lucarne. «Encore Zidane! C'est le coup de deux!» force Thierry Roland. Le gamin, toujours impassible, petite foulée, tape une nouvelle fois dans la main de Patrice Loko. Il y a quelque chose qui cloche chez lui. Il a l'air de réaliser des exploits sur commande. Un Hervé Mathoux imberbe s'approche de lui le coup de sifflet à peine donné. L'étrange néophyte est en nage et essoufflé :

«Zinédine Zidane qui vient de vivre un scénario idéal. Vous êtes rentré à 20 minutes de la fin. Première sélection ici à Bordeaux et deux buts, c'est extraordinaire…

— Ouais, c'est fabuleux. Il y a pas de mot. Comme ça, c'est bien… Faire match nul à Bordeaux, c'est pas mal.» Bref, on n'a rien compris.

D'ailleurs, le lendemain dans le journal, il n'y aura qu'une phrase sur lui et pas une seule photo. En «une» de *L'Équipe*, Ginola balle au pied et un drôle de surnom (qui ne lui est pas adressé) en forme de prédiction «Zidane-Zorro sauve la France». L'avènement d'un héros est toujours brutal.

★ ★ ★

On pense que Jacquet installera Zizou aux commandes dès le match suivant. Mais non. C'est plus compliqué en 1995. Tout est toujours plus compliqué que prévu. Trois 0-0 successifs (Slovaquie, Roumanie et Pologne) agacent tout le monde. En l'absence forcée du capitaine Éric Cantona à partir de janvier (suspension pour prise de karaté intempestive), Jacquet tergiverse. Il cherche, dit-il, des «complémentarités positives». L'évidence Zidane n'en est pas encore une. Le premier tournant a lieu à Nantes contre la Slovaquie (4-0), mais sans les Nantais, envoyés sur le banc. Sur le terrain, le sélectionneur opte pour un milieu en losange Desailly-Deschamps-Guérin et Zinédine Zidane pour la première fois titulaire à la pointe du losange. Le pari est réussi. Le minot est éblouissant de clairvoyance pendant tout le match, dans le coup sur les 4 buts. Jacquet avait tenté jusque-là – profitant de la *hype* des Canaris de 1995 – d'installer une attaque à dominante nantaise (Pedros-Ouédec-Loko), mais sans succès. Et que faire maintenant de l'indispensable Djorkaeff?

La photographie, la pénicilline, Zinédine Zidane

C'est le 11 octobre 1995, à Bucarest, que l'histoire commence. Ce match déclenchera tout. Pourquoi? Parce que ce jour-là, l'équipe de France sait pour quoi elle joue. Les Bleus doivent

Gheorghe Popescu et Zinédine Zidane, Roumanie-France, 11 octobre 1995.

absolument battre le premier du groupe pour se qualifier directement pour l'Euro sans passer par les barrages. Quelques semaines auparavant, au hasard d'un amical de rentrée des classes contre la Pologne (le 16 août 1995), Zidane et Djorkaeff s'étaient retrouvés sur la pelouse en fin de match. Pour Jacquet, jusque-là hésitant à les titulariser ensemble, c'est une révélation. Il les pensait incompatibles. C'est tout le contraire. La relative lenteur de Zinédine est compensée par l'impact de Youri dans les 30 derniers mètres. La couverture de balle et les contrôles de Zizou compensent les inévitables pertes de balle du milieu parisien. « Plus rien ne sera comme avant », titre *L'Équipe* au lendemain du match à Bucarest. En effet. Comme la photographie, la pénicilline ou l'Amérique, ce soir-là, Jacquet fait une découverte fondamentale (presque) par hasard : « Avant France-Pologne, je n'étais pas convaincu par l'idée d'associer Zidane et Djorkaeff. Aujourd'hui, je pense que c'est un duo exceptionnel qui est heureux de jouer ensemble, qui va prendre du volume et dont l'entente va s'améliorer. Avec eux, je peux faire plein de choses. » Le changement d'époque est acté. Cantona ne reviendra pas. Zidane ne lâchera plus le numéro 10. La France a trouvé son nouveau roi.

L'AVIS TRANCHÉ de Florent Gautreau

« EN D1, IL Y A UN TRUC DINGUE : NANTES.

DÉPRIME ET DES ESPOIRS

Un bon After, c'est un bon thème, de bons intervenants et, à la fin, un bon bémol. 1995 ? Non, ce n'est pas la meilleure année du foot.

Pour moi, 1995, c'est l'année des ligaments croisés et des attentats du RER Saint-Michel depuis mon lit d'hôpital. Niveau foot, une année pas mal déprimante aussi : la fin du duo Papin et Cantona en sélection, Van Basten qui dit «stop», deux Coupes du monde sans la France en 1990 et 1994, les 0-0 des Bleus de Jacquet, les trois milieux défensifs... Même l'Ajax, je n'en garde pas un grand souvenir (désolé Chérif). C'était aussi les années EPO en Italie (désolé Johann). Et quand tu regardes aujourd'hui les finales de Coupe d'Europe de l'époque, ça te donne des infos complémentaires importantes... Ah oui, 1995, c'est la première pierre du Stade de France posée par Alain Juppé. Sur le papier, ça ne fait pas rêver.

On arrive à la fin d'une histoire, celles des romantiques années 1980. La bonne nouvelle, c'est qu'une nouvelle ère va commencer. On ne s'en rend pas forcément compte, mais des choses dingues se préfigurent : Bosman, Weah – que j'adorais – premier Ballon d'or non européen, l'épopée de Bordeaux en Coupe d'Europe, la victoire du PSG en Coupe d'Europe en 1996, l'équipe de France, qui, sans être géniale, va en demi-finale de l'Euro et annonce 1998, l'émergence de joueurs incroyables comme Zidane, le retour de suspension de Maradona.

En D1, il y a un truc dingue : Nantes. Ça, c'est vrai que c'est un rayon de soleil. Les finales de Coupe gagnées par le PSG, en revanche, ce ne sont pas des grands moments de foot. Cela dit, derrière, c'est un âge d'or couronné par le titre mondial en 1998. Mais qui se sera construit dans la douleur, le labeur et la difficulté.

Alors, 1995, c'était mieux avant ? Non, c'était pas mieux avant. C'était dur, même. Mais l'important, ce n'est pas la chute, c'est le rebond qui vient forcément après. Ensuite, oui, j'ai rebondi. Un genou neuf, mon diplôme au Centre de formation des journalistes, et j'ai fait mes débuts officiels dans ma carrière journalistique. Ce rebond coïncide avec cet arrêt Bosman qui met fin à un monde et en inaugure un nouveau, le nôtre.

l'Europe
EN 1995

LA BATAILLE DE SÉVILLE

La saison espagnole 1994-1995 s'est jouée à 22 équipes. Pour des raisons sportives ? Bien sûr que non.

Adrián Mediavilla

Le 1er août 1994, en pleine canicule et à seulement un mois du début du championnat, la Ligue espagnole de football professionnel annonce la relégation administrative en Segunda B (troisième division du football espagnol) du Celta de Vigo et du Séville FC.

Motif de cette rétrogradation ? Les retards dans la présentation d'un aval représentant 5 % du budget de chaque club. Cette somme est censée servir de garantie pour d'éventuelles dettes, comme l'exige la loi du sport espagnole adoptée quelques mois plus tôt. Ces deux avals s'élèvent à 85 millions de pesetas pour Séville (environ 500 000 euros) et 45 millions pour le Celta (environ 270 000 euros).

L'Espagne n'a jamais connu de révolution contre la monarchie, mais elle a bien failli en connaître une pour la relégation de deux clubs historiques : des millions de personnes ont envahi les principales avenues de Séville et de Vigo. « C'est une honte nationale ; dans ce pays, personne ne respecte la loi, et ils veulent que Séville soit le seul à le faire », se lamente un supporter sévillan aux abords du stade Ramón-Sánchez-Pizjuán.

Salomon FC

Luis Cuervas, président du Séville FC, a un as dans sa manche : Felipe González, président du gouvernement socialiste espagnol depuis 1982, est sévillan. Avec des élections à prévoir dans moins d'un an, les socialistes misent sur une décision salomonique pour contenter tout le monde et perdre le moins de voix possible.

« L'Espagne a failli connaître une révolution pour la relégation de deux clubs historiques. »

Sous la pression générale, deux semaines plus tard, la Ligue réintègre Séville et le Celta, tout en maintenant Albacete et Valladolid en première division. Ainsi, le championnat comptera vingt-deux équipes durant deux saisons, avant que la deuxième division n'adopte elle aussi ce format à vingt-deux clubs. Ce modèle perdure encore aujourd'hui.

WONDERWALL

Le tube du groupe Oasis sort cette année-là. C'est à peu près la seule chose positive qui arrive à Manchester en 1995.

Julien Laurens

Quelle année que 1995 ! Celle de la naissance de Jack Grealish, si vous aimez les gros mollets, et de Dua Lipa, si vous aimez les gros hits. Celle du décès de plusieurs Fred. West, le tueur en série, et Perry, le tennisman. Celle de la sortie de *(What's the Story) Morning Glory ?*, le deuxième album d'Oasis et l'un des plus gros succès de l'histoire de la musique anglaise. Celle des émeutes de Brixton. Celle de la fameuse interview de la princesse Diana sur la BBC regardée par plus de 22 millions de Britanniques. Celle aussi, bien sûr, d'une Premier League à 22 clubs (et 42 journées !), en pleine expansion.

Pour toujours, 1995 rimera avec Cantona. Éric the King, le roi de Manchester, le génie de United, le patron de la Premier League, agresse Matthew Simmons, un supporter du Crystal Palace qui avait insulté sa mère. Ce 25 janvier, c'est le choc. Le Français est suspendu huit mois, condamné à de la prison ferme dans un premier temps puis à des services d'intérêt généraux en appel. Sans lui, Manchester United est affaibli malgré son effectif de stars et l'émergence de sa génération dorée issue du centre de formation. Sans lui pour guider les *Red Devils*, Blackburn Rovers, alors leader surprise au classement, a plus de chance de remporter son premier titre de champion depuis quatre-vingt-un ans !

Manchester City, 17e

Le suspense dure jusqu'à la dernière journée. Le 14 mai, les Rovers, emmenés par leur duo de choc en attaque, Alan Shearer-Chris Sutton, entraînés par le grand Kenny Dalglish et financés par les millions de leur propriétaire Jack Walker, se rendent à Liverpool. L'équipe a deux points d'avance sur Manchester United qui, lui, se déplace à West Ham avec l'obligation de gagner et en espérant un faux pas du Blackburn. Les *Red Devils* ne saisissent pas leur chance : match nul 1-1 tandis que le leader est battu 2-1. Ils terminent devant Nottingham Forest, Liverpool et Leeds. Chelsea est 11e, Arsenal 12e ! Signe d'un autre temps, Manchester City, 17e avant la dernière journée, évite la relégation, sort réservé finalement au Crystal Palace, à Norwich, à Leicester et à Ipswich. Une semaine plus tard, United est battu en finale de la Coupe d'Angleterre par Everton et perd tout en l'espace de quelques jours.

NOUVELLE JEUNESSE POUR UNE VIEILLE DAME

Il y a trente ans, le début de la domination de la Juve. C'est la décennie d'or du football italien. À sa tête : la Juventus.

Johann Crochet

Le football est une histoire de cycle. Le foot italien l'illustre parfaitement. Après les années milanaises marquées par l'emprise nationale et européenne du grand AC Milan de Sacchi et de Capello, la Serie A avait peur du vide.

Mais la nature en a horreur. La maxime d'Aristote se vérifie avec les prémices d'une omnipotente Juventus en cette saison 1994-1995. L'arrivée de la *Triade* (Giraudo, Bettega et Moggi) à la tête du club amorce les grandes lignes d'une Vieille Dame dominatrice. Sous la houlette de Lippi, la Juve remporte le championnat devant la Lazio, le Parme, l'AC Milan et la Roma grâce à un effectif XXL. Aux expérimentés Baggio, Vialli, Di Livio, Ravanelli et Ferrara, la Juventus ajoute la jeunesse talentueuse incarnée par Del Piero et Tacchinardi.

La première saison de la victoire à trois points du championnat italien tourne à la démonstration. En tête dès la 15e journée, la Juve ne lâche pas le trône du reste de la saison, malgré la présence d'une concurrence acérée dans la décennie la plus compétitive de l'histoire du foot italien. Personne ne trouve la faille. La Vieille Dame ne fait qu'une bouchée des Totti, Batistuta, Chiesa, Zola, Gullit, Mancini, Baresi, Boban, Bokšić, Bergkamp & Co.

Le *name dropping* donne le tournis. Le cyclone Juve remporte deux des trois *scudetti* suivants et se qualifie en finale de C1 lors de trois éditions consécutives (1996, 1997 et 1998). Plus qu'une domination : un raz de marée.

« Aux expérimentés Baggio, Vialli, Di Livio, Ravanelli et Ferrara, la Juventus ajoute la jeunesse talentueuse incarnée par Del Piero et Tacchinardi. »

MÖLLER, L'HIRONDELLE DU SIÈCLE

En 2025 comme en 1995, les Allemands sont des romantiques. Mais avec des gros sabots *made in Dortmund*.

David Lortholary

Imaginer le Borussia Dortmund champion d'Allemagne en 2025 relève du délire fictionnel. Il y a trente ans, c'était une réalité. Le tout dans un joyeux mélange de romantisme et de gros sabots typiquement allemands. À la fin du printemps 1995, le BvB est sur le point de décrocher son premier titre en Bundesliga. Le rival de l'époque? Le verdoyant Werder Brême de l'entraîneur culte Otto Rehhagel. Battus 1-3 lors de la dernière journée par le Bayern Munich – qui joue toujours un rôle quelque part –, Mario Basler et ses coéquipiers, champions d'Europe en titre en Coupe des coupes, cèdent au bout du suspense. Rehhagel, lui, s'en ira entraîner le… Bayern, l'été suivant. Romantique, le Borussia l'est notamment par la grâce d'une ballerine de génie, arrivée la saison précédente de la Juventus : Andreas Möller. Le champion du monde 1990, roi du grand pont et des envolées lyriques, se rend coupable, le 13 avril contre le Karlsruher SC, de la «simulation (hirondelle, en allemand) du siècle». À la réception d'un une-deux avec Karl-Heinz Riedle, Möller, à bonne distance du défenseur de Karlsruhe, s'effondre dans la surface, étrangement désarticulé, tel un bug de jeu vidéo de l'époque. L'arbitre dupé siffle penalty. Möller portera à vie cette pancarte de tricheur dans le dos. Malgré ses aveux à la presse dès la fin du match, Möller sera suspendu deux matchs par la suite pour ce geste digne de Noureev.

500 000 personnes fêtent le titre dans les rues de Dortmund pour ce qui sera considéré, à l'époque, comme la plus grande kermesse de l'histoire du football allemand. Les Chapuisat, Reuter, Ricken et autre Sammer règnent alors sur l'Allemagne. Ils confirmeront la saison suivante, avant de conquérir l'Europe. Mais la Bundesliga charrie aussi son lot de drames. D'une part, elle connaît cette année-là son premier cas avéré de dopage : Roland Wohlfarth est contrôlé positif à la noréphédrine en janvier et suspendu deux mois. De l'autre, le mythique Dynamo Dresden, relégué et en plein gouffre financier, perd sa licence professionnelle et ne reverra jamais la première division jusqu'à aujourd'hui…

les TRIBUNES

Radio NOSTALGIE

Parler du football – une activité à laquelle nous consacrons une partie non négligeable de notre vie –, c'est inévitablement invoquer la mémoire du football. D'où un réflexe de nostalgie.

Albrecht Sonntag

« RAPIDEMENT, ON A VU L'ARRIVÉE DE PETITS CLIPS TOUT POURRIS. »

Pendant tout un siècle, on parlait dans le vide. Tout ce dont on disposait pour se former une opinion, c'était la transmission orale de la génération d'avant, les témoignages écrits et quelques photos (toujours les mêmes). La poignée de documents radiophoniques conservés et les très rares extraits filmés (d'une qualité discutable) n'étaient accessibles qu'en fonction du bon vouloir des médias.

Autrement dit : la mémoire du football était pour une bonne partie sélectionnée, filtrée, puis imposée par les experts légitimes : les journalistes (qui, on le sait bien, rédigeaient bien souvent aussi les autobiographies des joueurs et les chroniques des clubs). C'est eux qui nous disaient de quoi être nostalgiques.

L'émergence de la mémoire d'en bas

C'est fini. Depuis 1995, l'année où Internet a pris son essor partout, la mémoire du football n'est plus l'apanage de l'élite médiatique. La mémoire imposée d'en haut a été remplacée par un genre de « wiki-mémoire » d'en bas.

Cela s'est fait de manière progressive : en 1995, les pionniers de l'hébergement de sites web, comme GeoCities, commencent à donner envie aux plus téméraires de créer leur propre site, comme le légendaire SoccerNet. Sans doute le premier à rassembler toute une communauté. Il est ingurgité quatre ans plus tard par ESPN. Netscape puis Internet Explorer permettent de cibler ce qu'on recherche en « surfant ». Les premiers médias généralistes lancent leurs sites : *Der Spiegel* et *Le Monde* précèdent le *New York Times* de quelques mois.

Bien sûr, ces sites – le mot « blog » suivra en 1997 – sont encore très rudimentaires, axés sur le texte, avec peu d'images et sans vidéos. Un truc pour les fétichistes des statistiques, et les supporters désireux d'élargir leur bulle de tchatche.

Mais, nous le savons bien, tout cela s'est accéléré à une vitesse folle. Les progrès technologiques – à la fois des logiciels et des infrastructures de débit – ont permis la démocratisation fulgurante du web. Rapidement, on a vu l'arrivée de petits clips tout pourris. Qui se souvient du RealPlayer, créé lui aussi en 1995 (pour les plus jeunes : rien à voir avec Mbappé !) ? Les plus rapides commençaient à *uploader* des contenus plutôt que seulement *downloader*, préparant la voie aux plateformes de partage et à la diffusion illimitée de documents mis en ligne par le bas en fonction de l'humeur subjective plutôt que triés et servis par le haut en fonction d'une expertise supposée.

La preuve par YouTube

Pour la mémoire du football, les effets de cette évolution ont été spectaculaires. Dressons un bilan intermédiaire en 2025.

D'abord, l'accessibilité immédiate des coups de cœur historiques et la facilité de partage entre passionnés sont bénéfiques pour les connaissances de chacun. Vous avez un doute sur l'évocation d'un but ou d'un geste par votre collègue devant la machine à café ? Vous n'avez qu'à mobiliser sans attendre la preuve par l'image sur votre smartphone. Vous êtes intrigué par une émission de *L'After* consacrée à la disparition de Franz Beckenbauer ? Rien de plus facile que de vérifier sur YouTube si le mec avait vraiment cette élégance aristocratique impressionnante dont on vous rebat les oreilles. Aujourd'hui, tout le monde peut en savoir davantage grâce à des ressources dont personne n'osait rêver pendant le premier siècle du football.

Ensuite, le rang du football au sein de la mémoire collective nationale (et internationale) s'est vu rehausser de manière significative. Dès que la mémoire n'est plus contrôlée par les élites culturelles, les gens décident pour eux-mêmes de ce qui est important à leurs yeux. Toute la culture populaire, pendant longtemps reléguée au second plan derrière la «haute culture», a été revalorisée dans la hiérarchie mémorielle. Et le football, culture des masses s'il en est, occupe une place primordiale dans les souvenirs du peuple.

Enfin, la nostalgie, ce sentiment souvent diffus, se laisse mieux juguler. Visionner des images d'une époque qu'on a tendance à entourer d'un halo dans ses souvenirs permet de déconstruire certains mythes auxquels on s'était accroché. Franchement, il n'y a pas d'excuse : tant de matchs depuis les années 1970 peuvent être visionnés gratuitement ! Faites le test : peut-être que le feeling subjectif du «c'était mieux avant» résistera à une vérification plus objective. Peut-être pas.

À chaque génération, sa propre nostalgie

Bien sûr, on peut regretter certains corollaires de cette mutation des trente dernières années. Il est vrai que la démocratisation de la mémoire collective semble amener en même temps une certaine fragmentation de celle-ci. Elle a pourtant toujours existé, elle était juste recouverte par le discours politique et médiatique officiel.

On peut aussi déplorer que les grands acteurs du football d'avant les années 1960 soient les grands perdants de la révolution technologique récente. Il est vrai que ceux dont les traces visuelles sont rares risquent de tomber plus vite dans l'oubli qu'ils ne le mériteraient. Leur mémoire est évacuée par le flot d'images des époques plus récentes.

N'empêche, en toute honnêteté, il est difficile d'être nostalgique de ce temps que les moins de 20 ans ne peuvent pas connaître. Pour nourrir sa mémoire du football, on était à la merci d'une poignée de gens de plumes qui faisaient autorité. Pour ce qui relève des décennies d'avant les années 1960, on continuera à dépendre de leurs choix esthétiques et de leur talent de narrateurs. Mais pour les décennies d'après, le basculement vers Internet de 1995 nous a fait gagner en liberté et en maturité dans nos jugements.

« IL EST DIFFICILE D'ÊTRE NOSTALGIQUE DE CE TEMPS QUE LES MOINS DE 20 ANS NE PEUVENT PAS CONNAÎTRE. »

▲ Les années fastes
du monosourcil.

RÉVOLUTION
dans les stades anglais

Parce qu'ils furent les plus touchés par les drames et accidents mortels dans les tribunes, les Anglais furent les premiers à imposer entre 1994 et 1996 ce qui est aujourd'hui une norme mondiale : des stades conçus pour le plaisir du spectateur-consommateur.

Laurent Favre, chef de rubrique sports, *Le Temps*

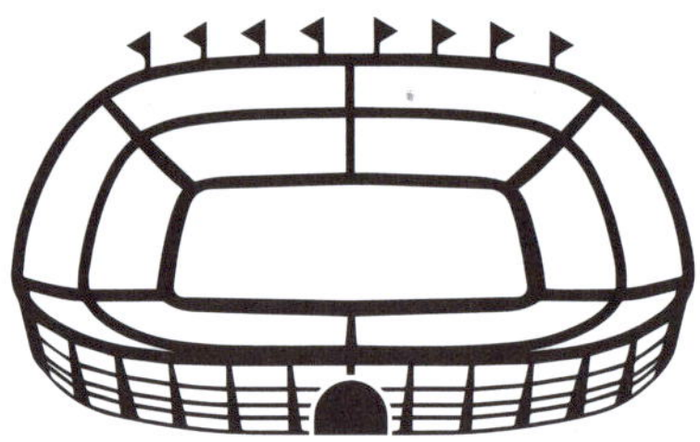

J'ai passé le premier semestre de l'année 1994 à Londres, officiellement pour apprendre l'anglais, en réalité pour voir un maximum de matchs de ce qui se nommait déjà la Premier League, mais que l'on appelait encore «le foot anglais». C'était un univers en soi, où le stade était bien davantage qu'un élément du décor : un personnage. Pour 20 livres sterling au marché noir (l'équivalent de 40 euros actuels), j'avais trouvé une place debout pour voir Cantona se faire expulser à Highbury. À Chelsea, dans un Stamford Bridge déjà en travaux, j'avais suivi le mouvement et envahi le terrain après une qualification en Cup contre les Wolves. À Upton Park, j'ai vu déferler les attaques du Newcastle de Kevin Keegan à côté de gamins assis à cheval sur un muret de béton, à deux mètres du gardien de West Ham.

Fin janvier de cette année, j'ai été invité par un sponsor dans la loge d'un joueur de Manchester City (pas le droit de dire lequel). Le programme du match consacrait trois pages à prévenir et à dénoncer les abus perpétrés au stade, pour lesquels la liste des infractions et l'éventail des sanctions étaient clairement exposés. L'interdiction de servir de l'alcool quinze minutes avant le match était, elle, contournée dans des gobelets de thé en carton. Cela ressemble à la chanson de Brel sauf que dans «Les Bourgeois», l'Hôtel des Trois faisans ne change pas avec le temps. Alors que dans les stades anglais, tout a changé en trente ans.

Négligence, commodité et économie

En fait, la révolution s'est faite en quelques années seulement. Le 15 avril 1989, 96 supporters de Liverpool meurent étouffés, écrasés, au pied d'une tribune de Hillsborough, le stade de Sheffield Wednesday, avant une demi-finale de Cup entre Liverpool et Nottingham Forest. En janvier 1990, le Lord Chief Justice Peter Taylor remet son rapport sur cette catastrophe, et fait 76 recommandations, dont l'interdiction des barrières et grillages, l'obligation d'un service de stewards, la suppression des places debout avant le début de la saison 1994-1995. Une taxe sur les piscines permet de verser chaque année 31 millions de livres aux clubs pour financer les travaux.

Bien plus que le Heysel (1985, 39 morts), qui est le drame du hooliganisme, Hillsborough est le drame des stades anglais, vétustes et dangereux. En cent un ans de championnat (créé en 1888), 281 personnes y sont mortes et 3500 y ont été blessées. La rupture d'une barrière de sécurité en 1967 à Elland Road envoie 30 supporters de Leeds United à l'hôpital. À Hillsborough déjà, en 1981, 38 supporters de Tottenham se relèvent d'un mouvement de foule avec des bras et des côtes cassés. Les stades anglais étaient régis par «la négligence, la commodité et l'économie», résume Simon Inglis, auteur du livre de référence, *The Football Grounds of England and Wales* [non traduit en français], au *New York Times*. Selon Malcolm Clarke, président de la Football Supporters Federation, «le rapport Taylor a identifié et fortement critiqué la façon épouvantable dont l'industrie du football avait traité jusqu'alors les spectateurs, qui n'étaient que de la nourriture à terrasses ».

« En 2025, un stade du Royaume-Uni reste incontournable pour son ambiance : Celtic Park ! Allez-y, vous ne serez jamais déçu. »

L'AVIS DE **GILBERT**

Ces kops qu'on abat

Les effets pervers des recommandations du rapport Taylor étaient annoncés dès 1994 — hausse du prix des places et de l'âge des spectateurs, ambiance moins chaleureuse, désagrégation de la masse des fans en une multiplicité de consommateurs uniques. Taylor lui-même mit en garde contre l'éviction des supporters et suggéra un prix d'entrée équitable d'environ 6 livres sterling. Il parvint en revanche à rejeter le projet controversé de carte d'identité de Margaret Thatcher. Selon certains observateurs, le rapport Taylor a redonné un avenir au football anglais «à une époque où le gouvernement cherchait à le reléguer dans la même poubelle que les mineurs et tout ce qui sentait l'industrie des cheminées et les classes ouvrières aux casquettes plates», d'après la formulation du *Guardian*.

« HILLSBOROUGH EST LE DRAME DES STADES ANGLAIS, VÉTUSTES ET DANGEREUX. »

Les premiers mythes qu'on abat sont les kops, ces immenses tribunes qu'il vaut mieux rebâtir plutôt qu'équiper de sièges. North Bank (Highbury) et Stretford End (Old Trafford) tombent à l'été 1992, le Spion Kop (Anfield) et Holte End (Villa Park) résistent jusqu'au début de l'année 1994. Lors de la saison 1993-1994, la moyenne de spectateurs en Premier League tombe à 23 000 en raison de ces travaux. Lorsqu'ils sont achevés, les stades anglais ont gagné en confort ce qu'ils ont perdu en capacité. Ceux de Nottingham, Sheffield, Leeds, Birmingham, Newcastle, Liverpool, Manchester et Londres (Wembley), qui accueillent en 1996 le premier Euro à seize équipes, ont tous perdu à peu près 20 000 places. Ils les récupéreront au fil du temps et des travaux d'agrandissement.

Appel aux Dons

Mais pour ceux qui sont enchevêtrés dans un quartier d'habitations, la place manque. Sunderland est l'un des premiers à déménager, quittant Roker Park (un stade de la Coupe du monde 1966) en 1997 pour le tout neuf Stadium of Light. Arsenal, qui est passé de 60 000 places à 39 000, déménage en 2006 à

◀ **15 avril 1989, demi-finale FA Cup, Liverpool-Nottingham Forest : l'horreur à Hillsborough.**

« LES PREMIERS MYTHES QU'ON ABAT SONT LES KOPS, CES IMMENSES TRIBUNES QU'IL VAUT MIEUX REBÂTIR PLUTÔT QU'ÉQUIPER DE SIÈGES. »

l'Emirates, enceinte moderne de 60 000 places qui n'a pas le cachet unique de Highbury, mais qui rapporte un million de livres sterling supplémentaires par match à domicile. À Manchester, Maine Road est condamné avec ses 35 000 places (contre 80 000 auparavant). Le stade de City est détruit en 2003, remplacé par l'Etihad Stadium.

Le cas le plus emblématique est celui de Plough Lane, le stade de Wimbledon. Abandonné dès 1991, il laisse les Dons en colocation avec le Crystal Palace à Selhurst Park durant douze ans, le projet de nouveau stade dans le sud de Londres échouant. Le club envisage de s'exiler à Dublin puis, devant le refus de l'UEFA, s'installe à Milton Keynes, au nord de Londres, en 2003. La fureur des fans crée une scission entre le club officiel, rebaptisé MK Dons, et l'AFC Wimbledon, créé par les supporters et reparti au niveau amateur. Ce cas emblématique illustre très bien comment les stades ont modifié le visage et la nature du football anglais, contribuant à faire de la Premier League l'une des marques britanniques les plus connues et appréciées dans le monde. Pour le meilleur et pour le pire.

MARSEILLE
Trop Peretti

Il y a trente ans, l'OM passait deux saisons en Ligue 2. Les plus belles d'une poignée de fadas emmenés par le légendaire « Depé ».

Romain Canuti

Le 28 juillet 2000, Patrice de Peretti, dit «Depé», décède d'une rupture d'anévrisme, le matin même de la première journée de championnat. Avant la rencontre, sur la pelouse, se retrouvent alors ses amis, les groupes de supporters marseillais, tous torses nus, comme lui quand il s'est fait connaître mégaphone à la main. Ils seront rapidement imités par les joueurs et le directeur sportif, Éric Di Meco. Magie des esprits, sa bâche, restée près de son perchoir, prend feu et se consume lors de la minute de silence. Comme s'il allait rester dans le stade, donnant une autre dimension à l'une de ses devises préférées : «Les dirigeants et les joueurs passent, les supporters restent.» Vingt-cinq ans plus tard, à l'évidence, il a gagné son pari.

Quand l'OM gagne la Ligue des champions en 1993, c'est comme si «Depé» avait marqué contre le Milan AC. Bernard Tapie lui offre sa médaille, il soulève la coupe au milieu des autres joueurs et, rare privilège, a même le droit de dormir quelques nuits plus tard en sa compagnie (de la coupe, hein !). Ado, le petit Patrice vient chercher dans le virage Sud l'énergie des quartiers nord de Marseille que ses parents ont quittés. Il y trouve Camille,

Rachid, des camarades de jeu qui n'ont pas froid aux yeux. Comme lui. Ensemble, ils font la renommée des South Winners.

Bronchite Football Club

Le groupe s'émancipe rapidement. Mais «Depé» n'a pas que des poings. Il a du charisme, de la tchatche et une voix signature. Il va naturellement prendre le mégaphone, pour coordonner les chants entonnés par les siens. Niveau look, il profite d'un match de Coupe d'Europe contre l'AEK pour s'en trouver un : torse nu, même quand l'OM joue à Berlin par une température négative. Ce jour-là, il rentre à Marseille bien fiévreux. Mais à la faveur de longs plans serrés qui le font entrer dans les mémoires, toute la France du foot le situe désormais. Pour son anniversaire, il aura même droit aux bons vœux de Thierry Roland et Jean-Michel Larqué en direct.

Sur cette *hype*, il décide de quitter les Winners. Personne ne saura jamais vraiment l'origine des désaccords avec les autres leaders du groupe. Dans cinq ans, il y aura la Coupe du monde en France, le Vélodrome va être rénové. Les groupes vont pouvoir redéfinir leurs places dans les virages. Le «système Tapie» permet de prendre une commission sur les abonnements pour financer les déplacements et les animations. Il offre aussi de quoi grandir et prospérer. «Depé», lui, préfère l'artisanat, les déplacements, l'organisation un peu à l'arrache. Avec ses copains de la Plaine, quartier festif de la ville, en 1994, il fonde les MTP. Pour «Marseille Trop Puissant», évidemment.

À l'extérieur comme à domicile

Il s'installe dans le virage Nord, où les Dodger's lui font une place. L'idée, c'est d'équilibrer un peu le spectacle alors que toutes les têtes sont tournées vers le Sud. Pour grossir les rangs, «Dépé» se balade dans toute la ville. Dès qu'on le reconnaît et qu'on l'arrête, il discute, sympathise. Il rentre dans la tête de son interlocuteur pour lui proposer de prendre un abonnement et de venir avec lui au stade. Face à son insistance, toutes les tablées du cours Julien ou de Notre-Dame-du-Mont se déplacent au stade. «C'était une façon de faire qu'on suivait, il fallait voir le charisme qu'il avait», glisse Serge, témoin des premières années. La situation sportive va même donner un coup de pouce au projet. Car l'aventure Tapie se solde par une descente.

L'OM est désormais en D2. Épinal, Alès, Saint-Brieuc... le contexte idéal pour expérimenter les premiers déplacements dans des fourgonnettes trop remplies. Là encore, mieux vaut ne pas croiser «Dépé» dans la rue avant le départ si le week-end est déjà planifié. Car on se retrouve vite en vadrouille. «Depé» n'a pas le permis, pas d'appart', il squatte à droite à gauche. Ses fringues? Ce qu'il trouvait... Tout l'argent part dans les déplacements. Il paie de sa poche pour certains. Seul prérequis : aimer l'OM. «Les déplacements, c'est l'école de la vie», répète-t-il.

Petit à petit, les MTP se font une place et «Depé» fait salle comble pendant 90 minutes à chaque match. Le tout, avec un style qui dénote : Bob Marley en emblème, du rouge,

« MAIS "DEPÉ" N'A PAS QUE DES POINGS. IL A DU CHARISME, DE LA TCHATCHE ET UNE VOIX SIGNATURE. »

▶ Stade Vélodrome, hommage à « Depé », 28 juillet 2021.

du vert, du jaune, douches dans les fontaines municipales en déplacement... Si sur le terrain ça marche, avec un duo Libbra-Cascarino qui roule sur tout le championnat, la Ligue ordonne à l'OM de rester au purgatoire une saison de plus. Les dernières stars quittent le navire et l'OM passe en mode low-cost. Résultat : 4 victoires sur les 14 premiers matchs de la deuxième saison. Mais côté MTP, ce qui compte encore et toujours : les déplacements et l'ambiance. Certains joueurs – Didier Wacouboué et Hamada Jambay – s'identifient au groupe et viennent passer leurs soirées non loin de son local marseillais.

Un double héritage

Malheureusement, toutes les bonnes choses ont une fin. En 1996, l'OM remonte en D1 et recrute des joueurs d'un standing plus relevé. En 2000, «Depé» rejoint Jim Morrison, Kurt Cobain ou Jimi Hendrix au club des 27. Pour autant, l'esprit du groupe demeure. Les jeunes du quartier s'appliquent à perpétuer sa mémoire au local ou en déplacement. «Mentalité Depé», «Mentalité déplacement» : cela devient un code d'honneur. Les jeunes du quartier peuvent faire les 400 coups sur leurs scooters, ils ne passent pas leur tour quand il faut mettre en place des maraudes pour les plus démunis. Lors des hommages qui lui sont rendus, toutes les générations cohabitent. Les fans de Massilia Sound System comme ceux de Soso Maness. Aujourd'hui, deux groupes sont les héritiers des années D2 dans le virage Nord. Les Fanatics, qui s'efforcent d'épouser le plus possible sa philosophie (pas de téléphone, pas d'avis à donner sur le foot, juste la mission de mettre une grosse ambiance dans leur parcage, évidemment avec le moins de tee-shirts et de pulls possible), et les MTP, toujours là, qui produisent ce qui se passe la semaine dans le local originel. Un peu à l'arrache, un peu en détente, mais qui comptent tout de même 3000 encartés. La furie et la foi.

DU
Julien
EUPLE M

RETOUR VERS LE PASSÉ

La télé des années 1990, c'était Roger Zabel et les grandes soirées Ligue des champions sur TF1… mais aussi quelques jeux cultes. Alors ressortez le Minitel, le Subbuteo et la cassette du *Foot en folie*, c'est le moment de gagner **10 000 F.**

Qui est le PLUS CHER

Classez ces transferts de joueurs du plus cher au moins cher.

- Gianluca **Vialli** → Juventus ☐
- Karim **Benzema** → Real Madrid ☐
- Keito **Nakamura** → Reims ☐
- Ruud **Gullit** → AC Milan ☐
- Amine **Gouiri** → Rennes ☐
- Dennis **Bergkamp** → Arsenal ☐
- David **Trezeguet** → Juventus ☐
- Lucas **Tousart** → Hertha Berlin ☐
- Johan **Cruyff** → Barcelone ☐
- Nicolas **Pepe** → Arsenal ☐
- Alan **Shearer** → Newcastle ☐
- Ludovic **Blas** → Rennes ☐
- **Cafu** → AS Roma ☐
- Nicolas **Anelka** → Real Madrid ☐
- **Romário** → Barcelone ☐
- Thomas **Lemar** → Atlético ☐

Le JUSTE PRIX

Avant l'arrêt Bosman, il n'y avait ni TransferMarkt, ni FootMercato et l'on pouvait s'acheter 10 Ballons d'or pour le prix d'un Harry Maguire.

LE DOUBLÉ GAGNANT

Associez par paires les joueurs au coût de transfert identique.

Éric Cantona
Leeds > Man United

1,5 M ……………

Jean-Pierre Papin
OM > Milan AC

……………

Odsonne Edouard
PSG > Celtic

2,4 M ……………

Nordi Mukiele
Laval > Montpellier

……………

7 M

Pau López
AS Roma > OM

……………

……………

Hristo Stoitchkov
CSKA Sofia > Barcelone

12 M ……………

……………

Diego Maradona
Barcelone > Naples

Hamari Traoré
Reims > Rennes

Le DESSUS DESSOUS

Qui, parmi ces deux joueurs, a coûté le plus cher ?

Marco **Van Basten** → Ajax → Milan AC (1987)
VS
Julien **Le Cardinal** → Lens → Brest (2024)

Maxime **Estève** → MHSC → Burnley (2024)
VS
Paul **Gascoigne** → Tottenham → Lazio (1992)

Roberto **Baggio** → Fiorentina → Juventus (1990)
VS
Lucas **Stassin** → Westerloo → Saint-Étienne (2024)

PYRAMIDE

Glissez-vous dans la peau de Marie-Ange Nardi et retrouvez les joueurs grâce aux indices suivants.

En 2

Coach - Canon

Atlético - Oasis

Lingerie - Milan AC

Ange - Viola

L'Oréal - Kostadinov

Armure - Lille

Route - Tottenham

Bicyclette - Roi Lion

En 3

Malice - Aviophobie - Arsenal

Mouette - Joël - Acteur

Cigarette - Argot - Liverpool

Frère - McDonald - Batave

British - Français - Atlético

Respectable - Défenseur - Bleus

Félicitation - Consultant - Beln

Catherine - Drague - Nice

Mister - Président - PSG

Planète - Rouge - Oranje

TOURNEZ MANÈGE

Tournez manège

Si les transferts improbables étaient plus rares il y a encore vingt ans, on a retrouvé quelques mariages footballistiques vintage tombés dans l'oubli. Attention, certains joueurs ont joué dans plusieurs de ces clubs, mais il n'y a qu'une seule solution possible !

Frank Sauzée •	• Monaco
Diego Maradona •	• Leicester City
Peter Schmeichel •	• Brescia
Jean-Pierre Papin •	• Manchester City
Laurent Blanc •	• Lille
Roberto Mancini •	• West Ham
Christian Vieri •	• Club Brugge
Pep Guardiola •	• Atalanta
Raúl •	• Inter
Dennis Bergkamp •	• Schalke 04
Patrick Kluivert •	• Sevilla
Davor Šuker •	• Naples

RÉPONSES

Le juste prix

1,5 M Nordi Mukiele et Éric Cantona
2,4 M Hristo Stoitchkov et Hamari Traoré
7 M Odsonne Édouard et Diego Maradona
12 M Jean-Pierre Papin et Pau López

Le dessus dessous

- Marco Van Basten → Ajax → Milan AC (1987) 1,3 M€ **VS** Julien Le Cardinal → Lens → Brest (2024) 1,7 M€
- Maxime Estève → MHSC → Burnley (2024) 12 M€ **VS** Paul Gascoigne → Tottenham → Lazio (1992) 7,4 M€
- Roberto Baggio → Fiorentina → Juventus (1990) 13 M€ **VS** Lucas Stassin → Westerloo → Saint-Étienne (2024) 10 M€

Qui est le plus cher ?

Nicolas Pepe / Arsenal 80 M€
Thomas Lemar / Atlético 72 M€
Karim Benzema / Real Madrid 35 M€
Nicolas Anelka / Real Madrid 34 M€
Amine Gouiri / Rennes 28 M€
Lucas Tousart / Hertha Berlin 25 M€
David Trezeguet / Juventus 23,2 M€
Gianluca Vialli / Juventus 20,6 M€
Alan Shearer / Newcastle 18 M€
Ludovic Blas / Rennes 15 M€
Keito Nakamura / Reims 12 M€
Dennis Bergkamp / Arsenal 11,25 M€
Romário / Barcelone 8 M€
Cafu / AS Roma 7,6 M€
Ruud Gullit / AC Milan 6,75 M€
Johan Cruyff / Barcelone 1,9 M€

Tournez Manège

Frank Sauzée → Atalanta
Diego Maradona → Sevilla
Peter Schmeichel → Manchester City
Jean-Pierre Papin → Club Brugge
Laurent Blanc → Naples
Roberto Mancini → Leicester City
Christian Vieri → Monaco
Pep Guardiola → Brescia
Raúl → Schalke 04
Dennis Bergkamp → Inter
Patrick Kluivert → Lille
Davor Šuker → West Ham

Pyramide

En 2

Coach - Canon → **Mikel Arteta**
Atlético - Oasis → **Conor Gallagher**
Lingerie - Milan AC → **Franco Baresi**
Ange - Viola → **Gabriel Batistuta**
L'Oréal - Kostadinov → **David Ginola**
Armure - Lille → **Lucas Chevalier**
Route - Tottenham → **James Maddison**
Bicyclette - Roi Lion → **Amara Simba**

En 3

Malice - Aviophobie - Highbury
→ **Dennis Bergkamp**
Mouette - Joël - Acteur
→ **Éric Cantona**
Cigarette - Argot - Liverpool
→ **Jürgen Klopp**
Frère - McDonald - Batave
→ **Ronald De Boer**
British - Français - Atlético
→ **Clément Lenglet**
Respectable - Défenseur - Bleus
→ **Lucas Digne**
Félicitation - Consultant - Beln
→ **Daniel Bravo**
Catherine - Drague - Nice
→ **Gaëtan Laborde**
Mister - Président - PSG
→ **George Weah**

la CULTURE

TF1
TF1

Roger ZABEL

TF1, générique d'opéra, costard-cravate, huit matchs à l'antenne à chaque journée, le PSG qui remporte tous ses matchs de groupes, Thierry Roland, Jean-Michel Larqué et Roger Zabel. Tout ça, gratuit, bien évidemment. Les soirées de Ligue des champions sur TF1 ont fait beaucoup pour son succès. C'était le bon temps. Un autre temps.

Propos recueillis par Gilbert Brisbois

« C'ÉTAIT SYMPA, ET PUIS C'ÉTAIT GRATOS. »

Roger, vous avez été le premier visage de la Ligue des champions en France…

Ben oui, on a été les premiers sur TF1, et en plus, c'était gratuit ! Et les gens en avaient pour leurs sous, malgré les pubs. On commençait juste après le journal de 20 heures, une intro de 30 secondes avec le public, pub et le coup d'envoi. C'était calibré à la seconde près. Et ensuite, on montrait tous les matchs jusque très tard.

Aviez-vous une pression d'audience ?

On a commencé avec les grandes années de l'OM. D'ailleurs, Tapie disait toujours que Marseille est le seul club qui a fait gagner des sous à TF1. Après 1993, c'est grâce à l'OM que Le Lay et Mougeotte [patrons de la chaîne à l'époque] ont décidé d'y aller. À l'époque, les audiences de Marseille montaient jusqu'à

9 millions de téléspectateurs. Nos grandes soirées allaient parfois jusqu'à 2 heures du matin. Avec en plus de bons résultats sportifs, à chaque fois il y avait une équipe française en quarts de finale. On a arrêté au début des années 2000, quand les droits ont explosé.

Comment avez-vous inventé ces soirées?
On a inventé en effet. C'était avant les soirées de Canal+, qui a repris ensuite avec des gens de TF1, notamment Hervé Mathoux qui venait de chez nous. Ils ont fait la même émission. Team, la boîte qui vendait les droits à l'époque, imposait quelques contraintes comme les fameuses étoiles en habillage, puis on a fait à notre sauce. Ça a tellement plu à Team qu'ils voulaient que toutes les chaînes européennes fassent comme TF1.

Qui a eu les bonnes idées?
Mougeotte voulait avant tout rentabiliser. Donc il nous a dit : «Vu le prix que je paie, je veux tout montrer, s'il faut aller jusqu'à 3 heures du matin, je m'en fous.» Voilà le concept de départ... Puis, nous, on s'est dit qu'il fallait faire du foot pour tout le monde, avec du public. C'était le foot à la Thierry [Roland] et Jean-Michel [Larqué]. Avec de la déconne et des sourires. Nous, on venait de *Stade 2* où on traitait le sport comme un jeu, il fallait s'amuser. Lors de chaque duplex, il y avait une vanne. Un jour, à Glasgow, Thierry ne sait pas qu'il est à l'antenne, il dit : «J'ai envie de pisser.» Jean-Michel répond : «Il fait froid, j'en ai une toute petite»... Tout ça sur TF1...

Et il y avait Guy Roux...
Ah, Guy Roux! Il a été le plus assidu. On a aussi eu Papin et Wenger, plus nos jeunes journalistes de l'époque, Christian Jeanpierre, Vincent Hardy, Pascal Praud. À Auxerre, Guy Roux avait voulu balancer Praud dans la rivière derrière le stade, puis ils se retrouvaient ensemble à l'antenne. Un jour, Guy ramène un producteur de chablis sur le plateau et le gars commence à sortir des bouteilles, ce qui est totalement interdit. Il venait toujours accompagné. Un jour, il est venu avec un groupe de jeunes filles d'Auxerre, on n'a jamais eu autant de femmes dans le public que ce jour-là. Il y avait un buffet, un bar. On savait recevoir.

D'où venaient vos cravates bariolées et vos costumes croisés avec le gros logo TF1?
C'est mon idée, je le revendique. Thierry Roland s'habillait comme un sac, il avait le don de mettre la mauvaise veste avec la mauvaise cravate. Corinne Bouygues, la fille de Martin, qui s'occupait de la com' chez TF1 à l'époque, m'avait dit : «Qu'est-ce que vous êtes mal fringués, les mecs des sports, enfin pas toi, Roger, hein...» Du coup, j'ai pris modèle sur les Américains, avec le même costume pour tout le monde. Au début, ça couinait, puis nos costards ont fini aux *Guignols*.

Comment se passaient vos rapports avec les clubs?
Excellentissimes! On était reçus comme des rois partout. Avec les accès aux vestiaires et où on voulait, même avant le match. Le seul coach compliqué était « Coco » Suaudeau qui, parfois, n'aimait pas les questions. Une tête de pioche. C'était une fenêtre exceptionnelle pour les clubs et leurs sponsors.

Depuis, ces soirées ont bien changé...
Mais moi, on m'en parle tout le temps de cette époque, les gens ont adoré! Ils me disent souvent : «C'était sympa, et puis c'était gratos...»

Bienvenue dans votre agence Century 21.

« NOUS, ON VENAIT DE *STADE 2* OÙ ON TRAITAIT LE SPORT COMME UN JEU, IL FALLAIT S'AMUSER. »

Nouveau concept : le maillot Doliprane.

RINGARDS mais pas trop

En 1995, les maillots de football étaient des maillots de football. Point. C'est justement pour cette raison qu'on se les arrache aujourd'hui.

Mathieu Le Maux

Le col qui gratte. Les manches trop courtes, trop larges. Les coutures qui s'effilochent et le chiffre dans le dos qui s'effrite. La coupe si droite et si ample qu'on pouvait entrer à deux dedans. Le tronc si long qu'une fois le surplus de tissu réglementairement fourré dans le short, impossible d'éviter l'effet couche-culotte. Les résidus de terre fondus dans le tissu synthétique. Et puis cette odeur âcre de sueur mal camouflée par les effluves acides d'une lessive bon marché. C'était ça, un maillot de foot, au beau milieu des années 1990. Un accessoire de sport que l'on jetait nonchalamment dans un sac de sport poqué au milieu du vestiaire. Un uniforme que les stars s'échangeaient au coup de sifflet final, en signe de fair-play, avant de l'oublier, puis de l'égarer. Une tenue de ralliement, certes, mais pas de quoi en faire tout un plat. Ni l'encadrer ou le faire entrer au musée, sauf à s'appeler Louis Nicollin.

Trente ans plus tard, les maillots de foot de «cet âge d'or», *dixit* le collectionneur japonais Megu-Zida, sont des objets de culte et de fascination, un maillon fort de la chaîne mode « vintage » que l'on porte avec un jean délavé et une paire de sneakers dernier cri pendant la *fashion week*. Depuis trois saisons, ces reliques sont même la source d'inspiration privilégiée des équipementiers fournissant les plus grands clubs. Le Paris Saint-Germain ou le RC Strasbourg en France, Manchester City ou Newcastle en Angleterre. «Il y a deux écoles : des clubs comme le FC Bâle ou Copenhague jouent sur des graphismes extravagants ou des clins d'œil historiques à leur ville pour se faire remarquer et d'autres s'inspirent des années 1990 pour faire plaisir à leurs supporters», décrypte Pierre-Alain Perennou, responsable éditorial du site spécialisé Footpack. Parce qu'ils étaient vraiment mieux avant, ces maillots des années Reebok et Umbro?

Fades années 2000

Clairement, oui. Parce qu'ils étaient plus extravagants, plus colorés, plus improbables. On pense au Bruised Banana d'Arsenal de 1991, à la tenue de travail des gardiens de but de

▶ **Bernard Lama époque « maillot Guyane », le GOAT.**

« Qui est le génie qui nous expliquait en 1995 que les maillots fluos des gardiens déstabilisaient les attaquants ? »
LE TACLE DE **DANIEL**

Liverpool ou du Mexicain fluo Jorge Campos, au motif jean denim de *team* USA 1994, aux flammes du Japon ou à l'involontaire croix gammée dessinée sur celui de la Fiorentina. Une manière de se démarquer autrement que sur le terrain et, aussi, de merchandiser un sport qui emprunte peu à peu les méthodes marketing des sports américains depuis la Coupe du monde 1994. Mais les stratégies commerciales n'étaient pas encore rodées et la liberté de conception, de création et d'imagination était alors sans limites. «Techniquement, les maillots de l'époque sortaient pourtant du même moule industriel, du même *template*, fourni par l'équipementier. Mais s'y ajoutait soit un design de fou, soit des références à l'identité et à l'histoire du club», poursuit Pierre-Alain Perennou. Ce dont les deux décennies suivantes, vaches maigres du design, vont cruellement manquer. Sauf exception notable (coucou la marinière des Bleus) ou fantastique coup de pub (le maillot rose moulant de l'AJ Auxerre époque Cissé-Méxès, le sans-manches du Cameroun), les maillots post-2000 sont fades, standardisés, pour plaire au plus grand nombre et donc en vendre des pelletées.

C'est d'ailleurs aussi pour cela que le fan de 35 ans et plus verse aujourd'hui dans la nostalgie *nineties*. Parce qu'on ne le prenait pas pour une vache à lait à qui l'on veut fourguer deux, voire trois, maillots par an au prix de son abonnement annuel. Dans les années 1990, le maillot extérieur ne servait qu'aux joueurs, le *third* et les collabs avec des labels pointus n'existaient pas, le paletot vivait deux saisons. On avait le temps de s'y attacher. Sans compter que ceux-là, brioche de quadra ou pas, on pouvait le porter, sans crainte du ridicule. Le maillot comme trait d'union qu'il constituait alors entre joueur et supporter n'existe plus. Les corps ont beaucoup trop changé. «Les maillots authentiques des équipes pros d'aujourd'hui sont immettables pour 95 % des gens. Alors que ceux des *nineties* allaient à tout le monde. C'est bien pour ça qu'ils sont portés lifestyle aujourd'hui, sans parler qu'aller au stade avec un maillot PSG 1995, c'est bon pour la *street cred*», souligne Pierre-Alain Perennou. Pas faux.

« TRENTE ANS PLUS TARD, LES MAILLOTS DE FOOT DE "CET ÂGE D'OR", SONT DES OBJETS DE CULTE ET DE FASCINATION. »

TOP 5 MAILLOTS 1995

Mathieu Le Maux

BORUSSIA DORTMUND

Le club allemand entre dans l'histoire du foot avec un maillot à faire (encore plus) pâlir Jean-Claude Dusse : un jaune fluorescent accentué par des manches noires et un col vert lui aussi fluo. Un maillot indissociable d'une période sportive prospère et d'un jeu flamboyant. Le trio parfait qui mène au culte.

JUVENTUS

À domicile, la Juve revêt son éternel classique à rayures noires et blanches sublimé cette année-là par deux étoiles dorées tissées au-dessus du logo Kappa, symbole de la vingtaine de titres de Serie A remportés par la Vieille Dame. Une année coup double car en fin de saison, son maillot extérieur bleu clairsemé de jaune sera celui de la victoire en finale de Ligue des champions.

ARSENAL

Surnommé « Lightening Bolt », ce maillot extérieur jaune et bleu est l'un des plus audacieux de la flopée de tuniques *freaks* portées par les *Gunners* au sortir du « Boring Arsenal ». Aucun d'entre eux n'a jamais autant divisé les fans. Aujourd'hui, c'est l'un des plus recherchés.

PSG

La grandeur d'un maillot tient parfois à peu de choses. À l'été 1995, le Paris Saint-Germain abandonne son acronyme côté cœur et le remplace par la tour Eiffel originelle. Il change de sponsor aussi, Opel remplaçant le duo Tourtel-Seat. Un nouveau logo, un nouveau partenaire maillot, et quelques mois plus tard, une victoire en Coupe des coupes. Ce maillot est le rare à mettre tous les supporters parisiens d'accord.

MANCHESTER UNITED

Le 13 avril 1996, à Southampton, Manchester United dévoile un étrange maillot extérieur gris. À la mi-temps de cette confrontation *a priori* déséquilibrée, MU est mené 3-0. La faute... au maillot, d'après Alex Ferguson, selon qui ses joueurs jouent à l'envers parce qu'ils ne se voient pas sur la pelouse ensoleillée. Revenu sur le pré avec un autre maillot rayé bleu et blanc, une décision du coach, Manchester s'incline 3-1. Ce maillot est le plus éphémère de l'histoire du foot. Et l'excuse de Ferguson, sans doute la plus bidon.

Tu vois la glacière ? Tu la mets là.

SUAUDEAU est le Bielsa français !

Intransigeant sur les principes, tacticien réputé, révélateur de talents : le vrai *Loco*, c'est « Coco » Suaudeau. Vingt ans avant Bielsa.

Romain Canuti

Marcelo Bielsa est le gourou des puristes. C'est Bilbao, Leeds, sans oublier Marseille où il a emmené les Dja Djédjé, Romao, Lemina et Imbula à des niveaux qu'ils n'avaient jamais connus. Ce sont aussi des postures anachroniques dans l'univers du foot-business, du marketing et de la communication. Bielsa, c'est l'incontestable «loco» du *game*. Mais il y a trente ans, en France, il y avait plus fou que lui : Jean-Claude Suaudeau.

Une philosophie de jeu ultra-offensive et intense? Son FC Nantes est champion de France. Au menu : série d'invincibilités record, beaucoup de technique, de passes courtes et d'intelligence collective. Ce n'est pas rien de finir champion avec 10 points d'avance et Serge Le Dizet, Éric Decroix ou Eddy Capron comme titulaires. Une exigence et une discipline hors normes? Les joueurs de l'époque valident : séances d'entraînement alliant intensité et créativité. Mention spéciale pour ce mythique exercice de passes avec ballon imaginaire (où il fallait crier le nom du coéquipier à la réception), répété pendant des heures. Une analyse tactique poussée? Il faut revoir comment le PSG de Weah, Ginola et Raí a été ridiculisé 3-0 au Parc. Le lien avec les joueurs? Les étoiles dans les yeux de Deschamps, Desailly ou Karembeu sont une réponse. Que dire de l'honnêteté et des valeurs d'un homme qui a toujours refusé les concessions et les arrangements? Comme Bielsa, Suaudeau a claqué la porte de Nantes presque du jour au lendemain alors qu'il venait d'écrire les plus belles pages de l'histoire du club et lors d'une conférence de presse surréaliste. Mais lui, c'était pour mieux introduire son successeur, un certain Raynald Denoueix. Et, chose rare, il n'a jamais cachetonné derrière.
La seule chose qui manque peut-être à «Coco», c'est un destin national.
En 1998, certains à la Fédé ont poussé pour qu'il prenne la suite d'Aimé Jacquet avec les Bleus. Ses préceptes, alliés au potentiel athlétique et offensif de cette équipe : l'idée est alléchante. Mais la peur du coup de pied dans la fourmilière l'a emporté. L'Argentine, un pays à la culture foot plus affirmée, tente le pari Bielsa au même moment. Un mythe est né.

UNPOPULAR OPINION

LE FOOTBALL
était (vraiment) populaire

Le football n'a pas toujours été aussi omniprésent. Il était pourtant plus populaire. Souvenirs.

François Beyssen

Être supporter de foot éveillait le soupçon au siècle dernier. Grimé d'un look skinhead et d'une bière dans *Les Guignols*, le supporter payait au prix fort sa mauvaise image. Qu'importe. Entre le supporter et le ballon, l'amour était sincère.

Garnissant les tribunes clairsemées de son stade, le supporter retrouvait les joueurs qu'il pouvait aborder au centre d'entraînement en semaine. Ces joueurs, ils étaient souvent formés au club, ou jouaient pour son équipe nationale. Il y avait certes quelques étrangers, mais que des stars. Weah, Sušić, Francescoli, Szarmach. Et pas de mercato d'hiver. Le supporter se projetait avec ses idoles toute la saison.

Comme dans toute relation amoureuse, le supporter et son sport favori savaient où et quand se retrouver. À la télé, c'était la promesse d'un samedi soir endiablé avec *Jour de foot* et la grand-messe du dimanche matin avec *Téléfoot*. En semaine, on sortait les costumes et les paillettes pour les grandes

« AUJOURD'HUI, LE FOOT EST À TOUT LE MONDE ET PLUS PERSONNE À LA FOIS. »

Twitter au XXe siècle.

soirées européennes autour de Roger Zabel. Et c'était gratuit. On parlait certes moins de *gegenpressing* ou de *phase de transition*, mais plus de l'histoire des rivalités, des joueurs et des supporters.

«J'en ai rien à foutre, mais je veux pas rater *Téléfoot*.» Renaud

Le maillot de foot, lui, n'était pas gratuit, mais ne coûtait pas le prix d'un objet de mode. Il dénonçait plutôt celui que beaucoup qualifiaient de «beauf». Au moins celui-ci ne trahissait pas les couleurs et l'ADN de son club de cœur. Les sponsors étaient locaux ou nationaux, et parlaient souvent aux supporters qui, pour certains, travaillaient dans ces entreprises. Entreprises qui parfois appartenaient d'ailleurs au président du club. Des présidents alors forts en gueule comme Bez, Nicollin, Rocher, Campora, etc.

C'était un football populaire. Il intéressait moins, mais passionnément ses amoureux. Aujourd'hui, le foot est à tout le monde et plus personne à la fois. Il est omniprésent à la télé. Les compétitions se sont multipliées. Le foot a trouvé des clients, délaissant ses amoureux de toujours.

GAME OVER

UNPOPULAR OPINION

L'arrêt Bosman n'a pas rendu le football plus universel. Il a surtout permis aux plus riches de définitivement accaparer ce sport. Nouveau symbole : la Coupe intercontinentale.

Nicolas Cougot

Certes, la première version de la compétition, réservée à l'Europe et à l'Amérique du Sud, excluait la majorité du monde. Mais dans les pas de l'arrêt Bosman, on a d'abord cru à un élan universaliste. Lorsque la Coupe du monde des clubs est inaugurée en 2000, elle accueille les oubliés du foot : Afrique, Amérique du Nord et Asie. La première édition est même équitable. Tout le monde – Européens compris – dispute le même nombre de matchs.

C'était sans compter sur les appétits des puissants. Pour eux, les compétitions internationales ne sont que des tournées marketing. Les participants n'ont d'autre utilité que celle de combustible bien utile pour faire tourner l'usine à spectacle. Tout cela aboutit évidemment à des calendriers et à de nouveaux formats sur mesure. La nouvelle Coupe intercontinentale impose au reste du monde d'effectuer un parcours du combattant : trois matchs en huit jours pour avoir le droit de défier un champion d'Europe fraîchement débarqué, pour le plus grand plaisir de Gianni Infantino qui peut poser aux côtés des stars. Ce même président de la FIFA a, dans le même temps, transformé la traditionnelle répétition du Mondial – la Coupe des confédérations – en Coupe du monde des clubs. C'est bien connu, les clubs sont plus *bankables* que les nations.

Peu importe à ces messieurs de la FIFA si la compétition est placée en pleine saison pour la majorité des non-Européens. Peu importe également que les critères de sélection ne soient pas exclusivement sportifs. Peu importe que les Européens dévorent la majorité du gâteau et que le reste du monde se berce d'illusions espérant un peu de lumière. « L'honneur est la dernière richesse des pauvres », a écrit Camus dans *Les Justes*. Ainsi est le football post-Bosman : un spectacle dans lequel, à la fin, ce sont toujours les plus riches qui gagnent.

« C'EST BIEN CONNU, LES CLUBS SONT PLUS *BANKABLES* QUE LES NATIONS. »

Zizou et un fan.

/ Les dossiers
AFTERFOOT

CRÉDITS PHOTO

Presse Sports
p. 2 : © Presse Sports ; p. 4 : © de Martignac ; p. 10 © Michel Deschamps ; p. 11 (haut) : © Lecoq ; p. 11 (centre et bas) : © Alain de Martignac ; p. 14 (gauche) : © Alain de Martignac ; p. 14 (centre) : © Lecoq ; p. 14 (droite) : © Pichon ; p. 15 (haut) : © Fevre ; p. 15 (gauche) : © Alain de Martignac ; p. 15 (droite) : © Pichon ; p. 16 : © Lecoq ; p. 18 : © Boutroux Bardou Pichon ; p. 19 : © Alain Mounic ; p. 24 : © André Lecoq ; p. 31 : © Sébastien Leban ; p. 37 : © de Martignac ; p. 39 : © Alnoche ; p. 41 (gauche) : © Lecoq Deschamps ; p. 41 (droite): © Joerg Halisch/Witters ; p. 48 : © Lecoq ; p. 50 : © Pichon ; p. 53 : © Jackie Delorme ; p. 54 : © Jackie Delorme ; p. 56 : © Luttiau ; p. 59 : © Luttiau ; p. 60 : © Mark Leech/OFFSIDE ; p. 65 : © de Martignac ; p. 70 : © Presse Sports ; p. 75 : © Lecoq de Martignac ; p. 77 (gauche) : © Alexis Reau ; p. 77 (centre) : © Felipe Barbosa ; p. 77 (droite) : © Alexis Reau ; p. 78 : © Nicolas Luttiau ; p. 79 : © de Martignac ; p. 80 : © Alain de Martignac ; p. 85 : © de Martignac ; p. 99 : © Fevre ; p. 102 : © MirrorPix ; p. 107 : © Nicolas Luttiau ; p. 115 : © Lecoq ; p. 116 : © Pichon ; p. 119 : © Boutroux ; p. 122 : © Lecoq ; p. 125 : © Daniel Bardou ; p. 127 : © de Martignac

Icon Sport
p. 23 : © OrangeCreek ; p. 28 : © PA Images ; p. 71 : © ActionPlus ; p. 112 : © OrangeCreek

DR
p. 8 ; p. 46 ; p. 96 ; p. 104 ; p. 108 ; p. 120 ; p. 121

LES TAULIERS

Gilbert Brisbois, Thibaud Leplat, Daniel Riolo.

LES AUTEURS

François Beyssen, Nicolas Cougot, Johann Crochet, Laurent Favre, Florent Gautreau, Chérif Ghemmour, David Gluzman, Julien Laurens, Mathieu Le Maux, David Lortholary, Gaétan Mathieu, Timothée Maymon, Adrian Mediavilla, Patrick Pereira, Jean-François Pérès, Arnaud Samson, Albrecht Sonntag, Nicolas Taiana, Nicolas Zeisler

L'ILLUSTRATEUR

Zaven Najjar

REMERCIEMENTS

Karim Nedjari, Nicolas de Tavernost

Conception graphique et maquette
Thierry Sestier

Relecture
David Lerozier

Imprimé en Espagne par Gráficas Estella
Pour le compte des éditions Hachette Livre (Marabout)
58, rue Jean Bleuzen - 92178 Vanves cedex
contact@marabout.com

Dépôt légal : avril 2025

ISBN : 978-2-501-19333-7
7267994/01